Nathan Haselbauer is the founder and President of
the International High IQ Society, the second-largest
and fastest growing IQ society in the world. Among
his innovations is the Test for Exceptional Intelligence,
one of the most difficult and popular high-ceiling
intelligence tests available.

Also available

THE MAMMOTH BOOK OF
SUDOKU

OVER 400 NEW PUZZLES – THE BIGGEST
AND BEST COLLECTION OF SUDOKU EVER

Introduced by Nathan Haselbauer,
President of the International High IQ Society

CARROLL & GRAF PUBLISHERS
New York

Carroll & Graf Publishers
An imprint of Avalon Publishing Group, Inc.
245 W. 17th Street
New York
NY 10011-5300
www.carrollandgraf.com

AVALON
publishing group incorporated

First published in the UK by Robinson,
an imprint of Constable & Robinson Ltd 2005

First Carroll & Graf edition 2005

Reprinted 2005 (twice), 2006 (three times)

Copyright © Constable & Robinson Ltd 2005

Mammoth ® is a registered trademark of Bristol Parks Books, Inc.

Puzzle compilation, typesetting and design by:
Puzzle Press Ltd
http://www.puzzlepress.co.uk

ISBN 978-0-78671-756-9
ISBN 0-7867-1756-4

Printed and bound in the EU

Contents

INTRODUCTION

Sudoku is quickly taking the world by storm, thanks to its addictive allure of math-free logic puzzles that can keep you busy for hours. If you're new to sudoku don't worry, the rules are remarkably simple and you'll soon be solving puzzles.

Sudoku's origins date back to 1979 when the first puzzle appeared in Dell Magazine's *Math Puzzles and Logic Problems* under the title Number Place. The puzzle was later introduced in Japan in 1984 and given the name Sudoku (pronounced *sue-do-koo*; sū = number, doku = single). The Japanese language made crossword puzzles less satisfying than western crosswords, so sudoku quickly found a natural home in Japan.

To further its popularity the Japanese introduced two new rules; the quantity of initial numbers placed in the puzzle (the givens) were restricted to no more than 30, and the puzzles became symmetrical (meaning the givens were distributed in rotationally symmetric squares). These changes boosted the appeal of sudoku and helped it become an international phenomenon.

In 1997, a New Zealander by the name of Wayne Gould discovered a few Japanese sudoku puzzles and spent the next six years writing a computer program to produce them. He began sending his computer-generated sudoku puzzles to the British newspaper *The Times*, which first started putting his puzzles in their newspaper in November 2004. After enjoying immense popularity in various British newspapers, sudoku quickly spread across the globe and has been dubbed by many puzzle enthusiasts as the 'Rubik's Cube of the 21st century' and the 'fastest growing puzzle in the world.'

Sudoku, which is sometimes spelled Su Doku, is a placement puzzle that frequently comes in the form of a 9×9 grid, made up of 3×3 sub-grids (called regions). Certain squares already contain numbers, known as givens. The objective is to fill in all the empty squares, with one number in each, so that each column, row, and region contains the numbers 1 to 9 exactly once.

Although the 9×9 grid with 3×3 regions is by far the most common, there are numerous variations of sudoku. They include smaller versions like the 4×4 grid with 2×2 regions, and the 4×6 grid with 2×3 regions; as well as giant puzzles such as the 16×16 grid. Even the 9×9 grid is not always standard, with some sudoku puzzles featuring polyomino regions – regions of irregular shape. There are also monster grids, with five separate grids overlapping at the corner regions in the shape of a quincunx. And sudoku puzzles with letters and symbols have also emerged.

Sudoku enjoys a high level of popularity because of the relative simplicity of its rules. Arithmetic relationships between the numbers are not necessary to solve them; in fact any set of distinct symbols will do; letters, shapes, and even colours may be used without altering the rules. Completing the puzzle requires only patience and modest logical ability.

While the rules are quite simple, the line of reasoning required to reach the completion can get very difficult. The puzzles in this book are ranked in terms of difficulty. However, keep in mind that while the greater the number of givens makes the solution easier, the opposite is not necessarily true. More times than not, the difficulty of the puzzle is going to depend on how easy it is to logically determine subsequent numbers.

If you're like me, you'll catch the sudoku bug after just your first puzzle. I've provided several tips and strategies ranging from the basic rules to more advanced techniques that will get you started. Patience and practise are the two keys to a long, successful career of sudoku solving. Good luck!

SOLVING SUDOKU

First take heart! You need absolutely no knowledge of mathematics, beyond being able to count from 1 to 9, to solve a typical sudoku puzzle. The challenge is just a matter of placing numbers into their correct positions in the grid.

The basic challenge

The standard sudoku grid contains 81 squares and is divided into nine horizontal rows, nine vertical columns and nine boxes or 'regions'. Each of the nine regions is made up of nine squares.

ROW

3	2	1	4	9	8	6	7	5
9								
4								
2								
7								
6								
8			1	4	5			
5			9	3	7	BOX		
1			2	8	6			

COLUMN

Into every square you have to place a digit from 1 to 9, so that each row, each column and each region contains nine different digits, as shown:

First steps

At the start of each new puzzle you are given a grid with a few numbers filled in. To solve the puzzle, you need to look to see where other numbers should be placed.

For example, with the following puzzle, one way to start might be to place the 2 which needs to be in the region shaded:

		9						6
	1					4		
5	8		2		1			
		7		6				1
	2		5			7		
9			3		2			
		9		7		2	8	
	7				5			
3				4				

It cannot be in the fifth or sixth rows (each of which already contains a 2) nor in the seventh column (which has a 2), so it must be in the eighth column of the fourth row.

After a few attempts like this, you'll understand the need for some standard techniques to break the back of a puzzle. There are two basic methods: 'slice-and-dice'; and counting. These are techniques you can repeat periodically as you progress further with each puzzle.

Slice-and-dice

Slicing-and-dicing uses the process of elimination to identify which line in a specific region may contain a certain number simply by scanning the entire row (or column).

First you scan all the rows ('slicing'); and then you repeat the procedure with the columns ('dicing'). It's important to check all the digits, 1 to 9, and scan the numbers in order of their frequency. See the following example:

The region in the bottom-left corner must contain a 3. By scanning across and down from 3s located elsewhere in the grid, you can narrow down the placement of the 3 to the shaded square.

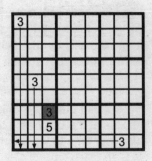

Counting

A second technique is as simple as it sounds: 'counting' involves scanning the regions, rows, and columns to identify missing numbers.

The value of an individual square may also sometimes be discovered by counting in reverse – scanning its region, row, and column for numbers that can't possibly fit and seeing which number is left:

In this example the shaded square can only be the number 4, because all other variables are taken.

Candidate numbers

As the puzzle becomes harder, you're going to need to make note of candidate numbers as well. A 'candidate number' is a number or numbers that you have narrowed a blank square down to.

After entering all the definite numbers you can easily see, write in the candidate numbers for other squares. You can mark these using superscripts in the top left of each square.

If you find that you've narrowed a number down to the same row (or column) and region, you can adopt elimination methods during the slicing-and-dicing and counting phase to further narrow down your search.

The sudoku puzzles in this book range from easy, starter puzzles at the beginning to more difficult challenges later on, so take your time to work through at your own pace – and enjoy.

ADVANCED STRATEGIES

After you've mastered techniques like slicing-and-dicing, and
are flush with the success of solving easier puzzles, you'll want
to add to your repertoire of solution techniques.

Even with more difficult sudoku the basic techniques like slicing-
and-dicing still apply. However, an important extra new process
is to analyse the candidate numbers you have left after inserting
all the numbers possible.

ELIMINATION
Elimination is the process by which you successively eliminate
candidate numbers from one or more squares to leave a single
choice.

The lone number
The simplest elimination technique is to single out the 'lone
number'. In the example below, the first region has several
squares where the number 2 is a candidate number:

	4						2	
1	2789	6		3				
25	2	258	7	6		3		9
8		3						
6		9						
	5							
	8							
		7						

If you look at the shaded square you'll immediately notice that 2 is the only candidate number for this square.

The 2 has become the lone number – that is, the only candidate number in a square in that specific region.

At this stage you can eliminate all other candidate 2s in the region and fill in the shaded square with a 2.

Twinning

Another common elimination tactic is unmatched candidate deletion, also sometimes known as 'twinning'.

When you have multiple squares with identical sets of candidate numbers, the squares are said to be matched.

As an example, let's say that you have two squares within a particular row, column or region and each of these two squares have identical candidate numbers (1, 2).

If you find the candidate numbers 1 or 2 elsewhere in the same row, column, or region they can be deleted.

This unmatched candidate deletion can quickly narrow down your choices within the row, column, or region in which you are working.

Triplets

The above procedure also works with three digits.

If you've got three squares within a row, column, or region and they all contain the same three candidate numbers, any other squares in your row, column, or region that contain these numbers can be automatically discounted.

More elimination techniques

The following puzzle, with its candidate numbers marked at the top of each square, includes plenty of candidates ready for elimination:

3	14578	1478	45	14569	**2**	1469	5679	1459
157	**6**	**9**	345	1345	**8**	14	357	**2**
15	145	**2**	345	**7**	14569	**8**	3569	13459
127	1237	137	**6**	189	179	**5**	**4**	1389
8	1234	134	245	1459	1459	1269	2369	**7**
6	**9**	**5**	2478	148	**3**	12	28	18
159	1358	**6**	3458	**2**	45	**7**	589	4589
4	2578	78	**9**	568	567	**3**	**1**	58
2579	23578	378	**1**	3458	457	249	2589	**6**

For example, with 1, 2 and 8 the only possibilities in the
seventh, eighth and ninth columns of the sixth row, you could
now go on to cross out the potential for 1, 2 or 8 to appear in
any other square in the sixth row. So the number in the fifth
column of the sixth row must be 4, and the number in the fourth
column of the sixth row is 7.

Similarly, with 3, 4 and 5 the only possibilities in the first,
second and third rows of the fourth column, you could now go
on to cross out the potential for 3, 4 or 5 to appear in any other
square in the fourth column. Thus the number in the fifth row of
the fourth column is 2 and the number in the seventh row of the
fourth column is 8… and so you can continue to eliminate the
alternatives in this way.

Consolidate
After you've gone through any elimination process it helps to go
back to the scanning technique and see if you can narrow down
your choices further. Scanning will also help you see the effect
of the latest number you've inserted into the square.

IF-THEN

The 'if-then' process should only be used with caution. Usually it is simply counterproductive, as it will lead you up wrong paths. Nearly all the puzzles in this book can be solved without recourse to 'if-then'.

But with the most diabolically difficult puzzles, the if-then approach can prove useful. It involves first choosing a square with only two candidate numbers and making a guess between the two numbers.

Once your guess is in place you repeat the analysing process; if you find a duplication you'll know your guess was incorrect, and that the alternative candidate number was, in fact, the correct solution.

When using the if-then approach it's best to ask yourself the question: will entering a particular number prevent completion of the other placements of that number? If the answer is yes, then that candidate can be eliminated.

Eventually you will find a combination of these techniques that works best for you. Writing in candidate numbers and counting regions, rows, and columns can only get you so far. Once you start to gain confidence with more advanced tactics, you'll stand well equipped towards becoming a true sudoku master.

THE SUDOKU PUZZLES IN THIS BOOK

The Japanese word 'sudoku' roughly translates as 'lone number', but sudoku puzzles don't have to consist of numbers. They are equally suited to the placing of letters (Wordoku) or symbols (Symboku) and some of the puzzles in this book use these. Wherever letters or symbols are used in place of numbers, these are shown below the grid.

The size of the grid can also vary from the standard 9 rows by 9 columns. A variety of grids is featured in this book.

Smaller grids of this size:

will require the numbers 1, 2, 3 and 4, whilst grids of this size:

will require the numbers 1 to 6 inclusive, and grids of this size:

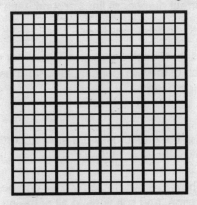

will require the numbers 1 to 16 inclusive.

OTHER PUZZLES IN THIS BOOK

There are many types of number and placement puzzles and in this book you'll find some interesting variations on the 'traditional' sudoku puzzle:

LCD Sudoku

Some numbers are wholly in place and others are only partially given – a segment of a number, with the numbers drawn as if part of a liquid crystal display

Monster Sudoku

With overlapping grids containing the same numbers where the grids touch one another

Logi-Place

Where each row, column and shape within the grid contains different numbers, letters or symbols

as well as:

Slitherlink

Travel from dot to dot, ending back where you started, by inserting the correct number of lines around each number

Patchwork

Follow the clues to fill each square, so that every row, every column and each of the two longest diagonal lines contains a different number or letter

Kakro

Place numbers in the grid, crossword-style according to the 'clue' totals shown above or to the left

Instructions on how to solve these puzzles can be found at the start of each section, and solutions to all of the puzzles are at the end of the book.

Sudoku Quarters

If sudoku puzzles are new to you, these little gems will help build your solving confidence.

For those progressing beyond their first steps, Sudoku Quarters are also ideal to use as 'warm-ups' before tackling the larger puzzles.

An example of a solved grid is shown below, so that you can see how the numbers 1 to 4 fit into each row, column and region of four smaller squares.

Some puzzles use letters or symbols instead of numbers, but these can be solved in just the same way.

2	4	1	3
1	3	4	2
3	1	2	4
4	2	3	1

No 1

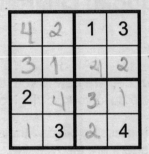

4	2	1	3
3	1	4	2
2	4	3	1
1	3	2	4

No 2

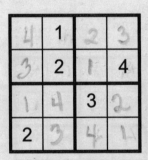

4	1	2	3
3	2	1	4
1	4	3	2
2	3	4	1

No 3

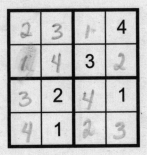

2	3	1	4
1	4	3	2
3	2	4	1
4	1	2	3

No 4

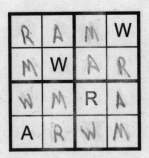

R	A	M	W
M	W	A	R
W	M	R	A
A	R	W	M

WARM

No 5

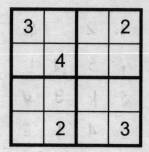

No 6

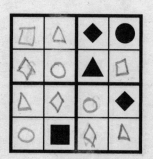

No 7

1	2	4	3
4	3	2	1
2	1	3	4
3	4	1	2

No 8

1	2	4	3
3	4	1	2
4	3	2	1
2	1	3	4

No 9

4	2	3	1
3	1	2	4
2	4	1	3
1	3	4	2

No 10

2	4	3	1
3	1	2	4
4	2	1	3
1	3	4	2

No 11

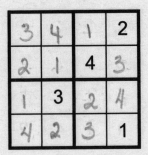

3	4	1	2
2	1	4	3
1	3	2	4
4	2	3	1

No 12

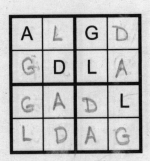

A	L	G	D
G	D	L	A
G	A	D	L
L	D	A	G

G L A D

No 13

3	1	2	4
2	4	1	3
4	2	3	1
1	3	4	2

No 14

4	3	2	1
1	2	3	4
3	1	4	2
2	4	1	3

No 15

2	4	1	3
3	1	4	2
1	2	3	4
4	3	2	1

No 16

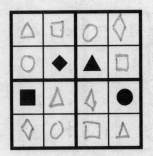

No 17

3	2	4	1
4	1	2	3
1	4	3	2
2	3	1	4

No 18

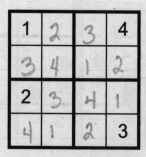

1	2	3	4
3	4	1	2
2	3	4	1
4	1	2	3

Six-Pack Sudoku

Although larger than Sudoku Quarters, these puzzles are solved in just the same way.

The example below of a solved grid shows how the numbers 1 to 6 may be made to fit into each row, column and region of six smaller squares.

Again, some of the puzzles use letters or symbols, as an alternative to numbers.

5	3	6	1	4	2
4	2	1	5	3	6
6	4	5	2	1	3
3	1	2	6	5	4
2	5	4	3	6	1
1	6	3	4	2	5

No 19

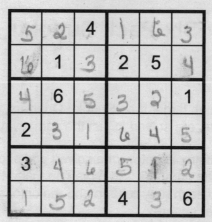

5	2	4	1	6	3
6	1	3	2	5	4
4	6	5	3	2	1
2	3	1	6	4	5
3	4	6	5	1	2
1	5	2	4	3	6

No 20

No 21

3	2	1	6	5	4
4	5	6	1	2	3
5	3	4	2	1	6
6	1	2	3	4	5
1	4	3	5	6	2
2	6	5	4	3	1

No 22

4	3	2	1	5	6
1	5	6	2	3	4
3	4	1	6	2	5
6	2	5	4	1	3
2	6	3	5	4	1
5	1	4	3	6	2

No 23

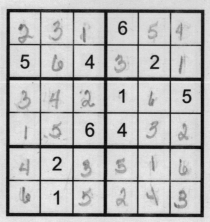

2	3	1	6	5	4
5	6	4	3	2	1
3	4	2	1	6	5
1	5	6	4	3	2
4	2	3	5	1	6
6	1	5	2	4	3

No 24

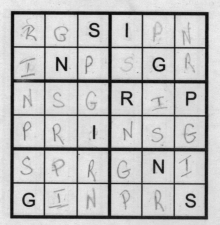

R	G	S	I	P	N
I	N	P	S	G	R
N	S	G	R	I	P
P	R	I	N	S	G
S	P	R	G	N	I
G	I	N	P	R	S

S P R I N G

30

No 25

3	5	2	4	1	6
1	4	6	3	5	2
6	3	4	1	2	5
2	1	5	6	4	3
5	6	1	2	3	4
4	2	3	5	6	1

No 26

5	3	6	2	1	4
2	1	4	3	5	6
3	2	5	6	4	1
4	6	1	5	2	3
6	4	2	1	3	5
1	5	3	4	6	2

No 27

6	1	2	3	5	4
5	4	3	6	2	1
1	2	5	4	3	6
3	6	4	2	1	5
2	5	6	1	4	3
4	3	1	5	6	2

No 28

1	2	4	3	5	6
6	3	5	4	1	2
5	4	2	1	6	3
3	6	1	5	2	4
2	5	3	6	4	1
4	1	6	2	3	5

No 29

1	3	4	2	5	6
6	5	2	4	1	3
3	4	5	6	2	1
2	6	1	5	3	4
4	2	3	1	6	5
5	1	6	3	4	2

No 30

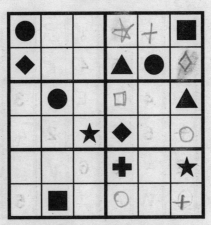

33

No 31

6	3	5	1	2	4
4	1	2	6	3	5
5	6	1	3	4	2
2	4	3	5	1	6
3	2	6	4	5	1
1	5	4	2	6	3

No 32

I	E	T	N	R	W
W	N	R	T	E	I
R	T	W	E	I	N
N	I	E	R	W	T
T	R	I	W	N	E
E	W	N	I	T	R

WINTER

No 33

1	6	3	2	4	5
2	5	4	1	3	6
5	4	1	3	6	2
6	3	2	4	5	1
4	2	5	6	1	3
3	1	6	5	2	4

No 34

3	5	1	6	4	2
6	2	4	5	3	1
1	4	3	2	5	6
5	6	2	4	1	3
2	1	5	3	6	4
4	3	6	1	2	5

No 35

6	5	3	2	4	1
2	4	1	3	5	6
4	6	5	1	2	3
1	3	2	4	6	5
3	2	6	5	1	4
5	1	4	6	3	2

No 36

6	2	5	4	1	3
1	3	4	2	6	5
3	4	6	5	2	1
2	5	1	6	3	4
4	6	3	1	5	2
5	1	2	3	4	6

1	4	5	6	3	2
6	2	3	5	1	4
4	1	2	3	5	6
5	3	6	2	4	1
3	6	4	1	2	5
2	5	1	4	6	3

No 38

M	E	R	N	U	B
B	U	N	E	R	M
E	N	M	R	B	U
U	R	B	M	N	E
R	M	U	B	E	N
N	B	E	U	M	R

NUMBER

No 39

3	4	2	1	5	6
5	6	1	2	4	3
2	5	6	3	1	4
4	1	3	6	2	5
6	2	4	5	3	1
1	3	5	4	6	2

No 40

5	4	3	6	2	1
2	6	1	3	4	5
4	5	2	1	6	3
3	1	6	2	5	4
1	2	5	4	3	6
6	3	4	5	1	2

No 41

4	2	3	5	6	1
6	5	1	4	3	2
2	1	5	6	4	3
3	6	4	1	2	5
5	4	2	3	1	6
1	3	6	2	5	4

No 42

3	1	4	6	2	5
2	5	6	1	3	4
5	4	3	2	6	1
1	6	2	5	4	3
6	3	1	4	5	2
4	2	5	3	1	6

No 43

3	6	5	2	1	4
1	4	2	6	3	5
6	2	3	4	5	1
4	5	1	3	2	6
5	3	6	1	4	2
2	1	4	5	6	3

No 44

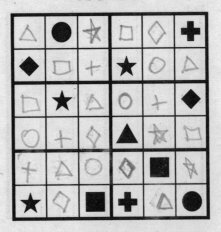

40

No 45

6	1	3	2	5	4
2	5	4	3	6	1
3	6	1	4	2	5
4	2	5	1	3	6
1	3	6	5	4	2
5	4	2	6	1	3

No 46

1	3	2	6	5	4
4	5	6	2	3	1
3	6	5	4	1	2
2	4	1	5	6	3
5	1	4	3	2	6
6	2	3	1	4	5

No 47

3	1	5	4	2	6
6	4	2	1	5	3
4	6	1	5	3	2
5	2	3	6	1	4
2	5	6	3	4	1
1	3	4	2	6	5

No 48

6	5	1	3	4	2
3	4	2	6	1	5
5	6	3	1	2	4
2	1	4	5	3	6
1	2	6	4	5	3
4	3	5	2	6	1

42

No 49

5	2	6	4	3	1
1	3	4	6	5	2
4	1	5	2	6	3
2	6	3	5	1	4
3	5	2	1	4	6
6	4	1	3	2	5

No 50

2	6	3	5	1	4
5	1	4	2	3	6
4	5	6	3	2	1
3	2	1	4	6	5
6	3	5	1	4	2
1	4	2	6	5	3

No 51

6			4		
	3				
		2			
			1		
		3		5	
	1				6

No 52

		V		D	
E					
		L			O
D			V		
V					S
	E		L		

SOLVED

No 53

1			4		2
				3	
	1	6			
		2			6
	2		5		
	3				1

No 54

	4				1
5		6			
			2		
		1			5
3				4	
				2	

45

No 55

		3		1	
4					5
		6		4	
1			2		
	5				
		2	3		

No 56

2			4		
	5	6			
	4			3	
					5
	2			1	
		1			

No 57

	4		2		
1					6
		4			
	5		1	3	
		2		4	
				6	

No 58

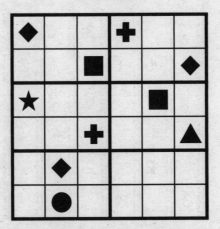

47

No 59

		6		1	
2				3	
			1		
	6				5
					3
5		4	2		

No 60

		4	3		
5					2
			6		
				4	
	1		2		
3		6			

48

Sudoku Exercise

These full-sized grids will exercise the mind and provide a gentle start to the more tricky full-sized sudoku puzzles that come later in the book.

An example of a solved grid is shown below, so you can see how the numbers 1 to 9 may fit into each row, column and region of nine smaller squares. Letters and symbols provide interesting alternatives to the number puzzles.

9	1	5	3	2	4	8	6	7
8	6	4	7	1	9	2	3	5
3	2	7	5	8	6	9	1	4
5	8	2	9	3	7	6	4	1
6	3	1	2	4	5	7	8	9
7	4	9	1	6	8	5	2	3
1	9	3	8	5	2	4	7	6
4	5	8	6	7	1	3	9	2
2	7	6	4	9	3	1	5	8

No 61

		9	1	5		6		
3	4	6				1	5	2
	8		2				4	
	6				8	9		
1			4		3			6
		5	7				2	
	3				9		7	
9	1	7				2	6	3
		8		7	2	4		

No 62

			1	4	3			
	3					5		9
6	2			9		4	8	
2					9	1	5	8
		3	8		4	9		
7	9	8	2					6
	6	4		2			3	1
5		9					2	
			4	7	8			

No 63

1				7		2	3	
8		6				5	1	
				8	4		7	9
	5				9	4		
9		2	8		7	3		1
		3	2				6	
2	1		4	6				
	4	9				8		6
	3	7		2				5

No 64

T		G		O			N	
N		C				M	U	
O	I			U	P			
		P			I			C
	N	T	U		O	G	I	
M			G			T		
			P	M			G	N
	M	U				I		P
	C			G		O		T

COMPUTING

No 65

8		7	1		9	6		
	3			7				2
1			2		4	8		
5	1				3	4		
		2		9		7		
		9	8				2	6
		8	5		7			3
4				6			8	
		3	9		1	2		5

7			1	3				
1				2		3	5	9
6					5			
	5	9	6		3	2	7	
3	4						9	8
	7	6	4		8	5	1	
			8					2
9	1	8		6				5
				4	1			7

No 67

1	7	6				4	5	2
		4	7			9		
2			1	6				3
3					9	2		
	2		4		5		1	
		7	8					6
4				8	7			9
		8			3	5		
7	5	2				1	3	8

No 68

	1		7	6				
	9	4	5			7		
6						2	5	3
7			1	5			2	9
	6		2		4		3	
1	4			8	9			5
8	3	1						6
		7			3	8	4	
				9	5		1	

No 69

			5	7			2	
1	3	9				7		
5			3				4	8
	1	4	2	3		5		
	9		1		8		7	
		3		6	4	2	8	
6	8				9			5
		7				6	9	2
	2			4	3			

No 70

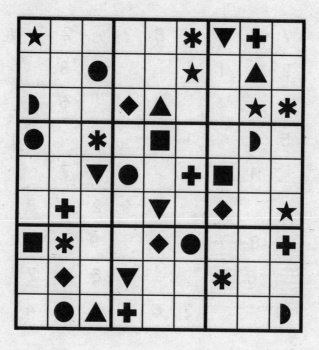

7	9			8	2			
2		1				6	8	
3		4		9			5	
5			1			2		
	1	9	4		6	3	7	
		3			9			8
	7			4		9		3
	6	8				5		7
			2	6			1	4

No 72

4					1	7		8
1	6	8	7					
		3		5	2		4	
	1	4		8				9
6			5		3			2
2				9		8	3	
	9		4	3		6		
					8	9	2	4
7		1	9					5

	4		9	1	2			
	5		6		7			
	6			3		7	4	2
4			3		5	9		
1	7						8	3
		5	7		1			4
2	9	8		5			6	
			8		9		3	
			2	6	4		9	

No 74

	9		1		4			
	5		6	3	8			
	4			2		1	5	6
		9	3		1			5
3	1						7	2
5			9		2	8		
6	8	7		9			4	
			5	4	6		8	
			8		7		2	

No 75

O		N		B	E	H		
B	I	U	G					
	R			U		G		N
	E			I	R			
I	H						G	O
			O	H			E	
U		H		R			O	
					N	E	U	B
		G	B	O		R		I

NEIGHBOUR

No 76

	7			3			9	
	8	3			4	6	7	
6	5		7				3	2
7		8	2	6				
		5				2		
				9	1	7		4
1	6				3		8	9
	3	4	5			1	2	
	9			8			4	

No 77

		9	5	2	3			
		1		4		9	5	7
		6	7		1			
6			2		7		9	
	2	7				8	4	
	9		6		4			3
			3		8	4		
8	5	3		6		1		
			9	1	5	3		

No 78

9		8			5			1
	2					5	3	7
		4		2	1			
	1			5	4	7	8	
		2	9		7	3		
	4	9	8	6			5	
			5	8		4		
4	6	3					2	
1			3			9		6

No 79

	4	7	2					9
8	6			5	4			2
	5		3			6		
4		6		8			9	
		3	4		2	8		
	2			3		5		1
		4			1		7	
9			5	7			1	6
1					6	3	2	

No 80

	5		9		1		6	
2				4				5
	6	8	5		3	7	4	
1			3	9	4			7
	3	5				1	9	
7			1	5	2			4
	1	9	8		7	4	2	
8				1				6
	2		4		5		1	

No 81

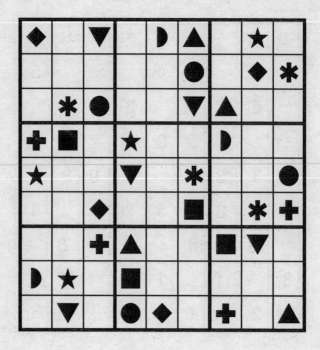

No 82

6	4							8
	7		4	5		1		2
	5		9		7		3	
				2	9	7		5
		3	7		8	9		
7		6	1	4				
	3		6		1		8	
9		1		3	2		5	
2							1	6

No 83

4					7			8
2	7	8				3	4	1
		5		8	3	6		
		9	8					3
	2		6		4		1	
1					5	7		
		7	2	9		1		
6	4	1				2	3	9
5			3					6

No 84

		2	4		7	1		
6		1	9		5	2		7
	5			1			8	
	9		2	4	1		7	
4		3				6		1
	1		7	6	3		9	
	2			7			4	
5		8	3		4	7		9
		4	1		6	8		

No 85

2		8		3			7	9
			7	1	4			
3						5	6	
		9	3			1	4	6
	6		4		7		2	
5	8	4			6	3		
	5	6						2
			8	7	2			
4	7			6		9		3

No 86

	T	N		P		G		E
			R	O	E			
		P					A	I
	G			P	I	O	R	
I			E		R			N
T	R	A	I				P	
A	I				N			
			N	E	T			
E		R		I		P	G	

OPERATING

No 87

		5		7	9	3		8
	1		8					7
		8	3				6	2
2				6		8	9	
	6		2		1		4	
	3	1		4				5
1	7				2	5		
9					6		3	
3		4	1	9		2		

No 88

3			5	7	6			
2			4		1			
4				8		1	6	3
		2	1		7		3	
1	7						8	9
	3		8		2	5		
5	6	9		2				4
			9		5			8
			6	4	3			5

No 89

5			1	3		6	2	
3			4		5			9
1		8				7		
	8	5	2	1				
	9		5		7		4	
				6	4	3	5	
		6				8		2
9			8		2			7
	2	4		9	6			3

No 90

		3	8		6	1		
	7			2			3	
1	8			5			9	2
4	3		5		8		2	7
		8	7		2	4		
2	6		4		1		5	8
8	1			7			4	9
	4			8			6	
		9	6		4	2		

No 91

		3			2	9	5	
	6		9		4	3		
	2	8		5	1			
8				1	9			7
4		9				2		8
1			2	8				5
			7	2		8	6	
		7	1		3		2	
	9	5	6			1		

	3			8			6	
9		2	7		6	5		8
8			1		2			9
	2		9	1	8		7	
5		8				1		4
	7		2	5	4		8	
3			8		5			1
2		7	4		1	6		3
	1			2			9	

		2	9			3		5
9		4	8	5				
7			6		3	2		
	4		3	8			1	
	6	3				9	4	
	8			4	9		5	
		1	2		8			9
				9	1	4		7
3		5			7	8		

No 94

3	5	9	8					
		7		4			1	9
6	4			7	3		2	
		5		1	7			
7		2				1		6
			4	6		5		
	1		5	3			8	7
8	2			9		4		
					2	6	9	3

83

No 95

	5	7			3		8	
9						3	1	5
		1		4	6			
6				5	4	7		1
		3	2		7	9		
4		2	1	6				8
			8	9		1		
3	2	6						9
	8		6			4	7	

No 96

1	7		6	3				4
					2		9	
4		9		5		3		6
		7			8	9	3	1
		2				5		
3	8	6	9			7		
7		4		2		8		3
	6		1					
8				9	7		2	5

No 97

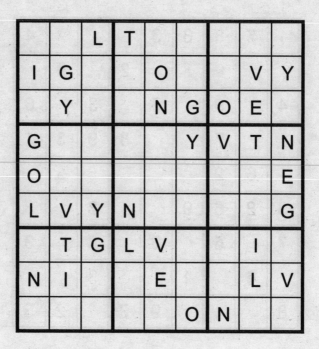

		L	T					
I	G			O			V	Y
	Y		N	G	O	E		
G				Y	V	T	N	
O								E
L	V	Y	N					G
	T	G	L	V			I	
N	I		E				L	V
				O	N			

LONGEVITY

No 98

	5	8	3		1		9	
		9	6		8		4	
4				7		2		
5		7			4		1	
	6			1			5	
	2		9			8		3
		5		6				9
	4		2		5	3		
	7		1		3	4	6	

No 99

				4	9	1		2
		7		2			6	3
	8	4					5	7
	3		6					8
	6	1	4		2	7	3	
5					1		9	
9	1					8	4	
3	2			6		5		
7		6	9	8				

		1	4		5	6		
2				6				3
	7	6	2		9	1	4	
9			6	5	1			4
	5	8				7	6	
6			8	7	4			9
	2	3	5		8	4	9	
1				4				5
		5	7		6	3		

No 101

		8	1					
7	3			2			4	5
	5			6	3	2	9	
8	4	5	6					3
2								9
3					5	4	1	6
	1	3	8	4			7	
6	7			9			8	4
					2	6		

No 102

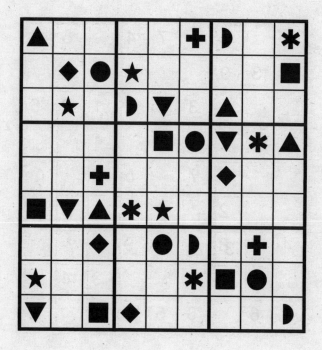

No 103

8					7	4		5	
	3	9				1	8		
			3				1	9	6
5	9			2			4		
		4	7			5	6		
		2		9				8	1
4	2	8				9			
		7	2				3	1	
	6		8	5					2

No 104

	2			7			5	
9	5			8			4	7
		1	2		5	9		
8	1		6		7		3	5
		5	8		1	7		
7	6		5		4		2	1
		4	7		2	3		
1	9			6			7	4
	3			1			8	

No 105

6					4			8
7	4	8				9	6	1
		2		8	9	5		
		3	8					9
	7		5		6		1	
1					2	4		
		4	7	3		1		
5	6	1				7	9	3
2			9					5

			8	3	7			6
6	5	7		9				1
			1		5			2
	8		9		2	6		
4		9				3		5
		6	5		3		2	
9			4		8			
1				2		7	4	8
8			7	1	6			

No 107

	5	6	7	4				9
3		1	6			7		
			1				3	5
8	2				9	4		
	9		3		6		1	
		5	8				2	3
9	4				8			
		2			7	8		6
6				5	1	2	7	

No 108

		4		7		6	1	5
		2	5					
		8		3	1			
4	1		3		5		8	7
	6	5				9	3	
2	8		7		9		4	6
			1	9		8		
					4	7		
9	4	6		2		1		

No 109

			3			1	7	9
		4		9	8	6		5
6		3		1			2	
	8		5	4				
5	3						4	7
				7	2		8	
	5			2		4		1
7		2	9	5		3		
9	1	8			6			

No 110

7	6		1		8		4	9
1			5		3			7
		2		9		1		
		3	8	5	9	4		
8	1						3	5
		4	3	1	2	9		
		6		3		7		
2			9		1			3
3	5		6		4		9	2

				8	4	6	1	
3	8						5		7
	5			6		9		2
		7			1			4
2	1		8		6		5	9
9			2			3		
6		9		2			7	
1		4					3	8
	2	5	4	3				

C			O	A		P		
					T	C	O	R
	H	K	C				W	
	R			C		T		A
	P		W		A		R	
K		O		T			C	
	O				K	H	T	
P	K	T	H					
		A		W	R			O

PATCHWORK

No 113

6		3	2			7		8
	8	5			9	2	4	
		4		3		6		
4	1		8	6				
	5						9	
				7	5		3	1
		6		2		1		
	7	1	4			3	2	
5		2			1	9		7

No 114

	3			6			7	
	7	9			4	6	8	
2	6		7				1	9
4		7		3	5			
		2				1		
			2	9		8		7
3	8				6		9	5
	2	5	1			4	6	
	4			8			3	

No 115

6		2		3	9			
4	8			2		7		
9	5					3	1	
7			5				9	
	2	5	8		1	6	4	
	4				2			3
	3	1					7	6
		6		8			2	4
			9	1		5		8

		7			9		8	1
	8	3	2			6		
	2			1	6			4
				8	1	5	3	9
	4						2	
3	5	8	9	7				
7			6	3			5	
		5			4	9	6	
2	1		7			8		

No 117

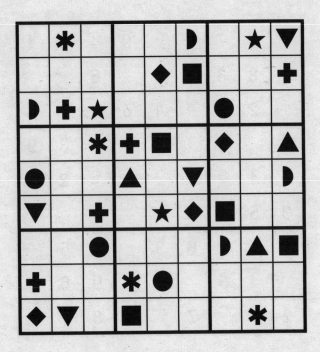

No 118

	9			6				3
		4	1		2	8	7	
		3	5		7		4	
1	7		4			9		
		8		2		5		
		2			3		6	8
	1		9		8	3		
	3	5	2		1	6		
4				5			8	

		8		5			3	6
4		2					8	7
			9	2		1	5	
3					6		4	
6		1	5		2	8		3
	7		1					9
	8	6		4	9			
1	9					4		2
5	3			6		7		

No 120

		7		4	1		3	
3					8	9		2
8	5	2	9					
	8	3		2				6
5			4		7			1
1				6		2	7	
					2	6	1	3
9		8	6					4
	6		3	7		5		

	6	2			5			
1					4		2	5
	9			8	1	6		4
	2	7			3			6
		5	4		2	9		
8			9			7	3	
7		1	5	6			4	
3	4		1					7
			3			8	9	

No 122

	1		7					
5		6		2		8		1
		8		5	6	9	4	
1	5	9	3					4
2								7
4					1	5	3	6
	7	2	4	1		3		
3		5		7		4		8
					9		6	

No 123

L	I	M				E	N	O
		A		E	M	P		
	E				O		L	
	M		E			C		
I			A		L			N
		O			P		I	
	A		M				P	
		I	N	C		O		
M	C	N				I	A	L

POLICEMAN

112

No 124

		6	7	3	5			
		1	8		9			
		8		4		6	9	5
6			4		1		7	
3		9				2		4
	1		9		3			6
5	2	7		1		8		
			2		7	4		
			5	8	6	7		

No 125

4		8	1	7				
		7	2		9			1
2			8			3		6
	6		7	4			2	
7	4						5	3
	1			2	3		4	
3		6			7			9
9			3		5	8		
				6	2	7		4

LCD Sudoku

These 'liquid crystal display' sudoku puzzles introduce an extra challenge. Although some numbers or letters are clearly in place, others are only partially visible and you will need to decide which of the alternatives for each letter or number should be used.

Beneath each grid is a box

showing the options for each partially complete number or letter. For instance, if you see 'ᴄ' in the grid, you will need to work out whether this number should be a '2' or a '6'.

No 126

	2		5			2		7
			9				3	
5		6		4	3			9
8		9	2			7		1
	4			1			5	
1		3			2	4		8
4			1	9		3		2
	2				8			
6		8			7		3	

1	2	3	4	5	6	7	8	9
1	2	4	4	5	2	7	3	5
1	3	3	2	7	3	7	7	2

116

D	A		B	C				
E		H		G			L	
L		I				F	C	
		B	A					I
	G	E	L		C	H	II	
F					H	E		
	F	C				A		D
	I			H		D		E
			L	B		H	G	

A	B	C	D	E	F	G	H	I
II	C	D	E	H	L	H	I	I
P	P	L	L	F	F	L	II	I

ᴗ		8		7		ᴗ	2	
1	3					5		
			6	7	5			
3	7	1			5		7	
4			5		6			1
	5		1			3	3	2
			4	5	2			
		4					1	3
	7	5		1		3		9

1	2	3	4	5	6	7	8	9
1	2	3	4	5	6	7	8	9
1	2	3	4	5	6	7	8	9

No 129

No 130

	7			5			7	
3			1		4			3
	1	3		6		5	5	
	7	2	2		1	7	9	
1			7		9			2
	4	9	2		3	1	3	
	2	1		7		5	2	
5			4		2			9
	2			1			4	

1	2	3	4	5	6	7	8	9
1	2	4	4	5	2	7	3	5
1	2	2	∪	7	3	7	7	∪

	G		F	I			P	
C	I	⊢				P	F	C
		C	⌐			I		
D					I	⊢		
II			L		B			A
		A	G				C	
		G			F	⊐		
C	A	B				⊐	H	F
	E			D	H		P	

A	B	C	D	E	F	G	H	I
II	⊐	C	⊐	⊢	⌐	L	⊢	I
P	P	L	⌐	⌐	⌐	⌐	II	I

No 132

	3		4			8		
2	4			6	3			7
	1	9	2					4
	7			5		2		8
		5	1		8	9		
6		3		9			1	
7					1	3	3	
1			8	4			2	5
		2			6		2	

1	2	3	4	5	6	7	8	9
1	2	4	4	5	2	7	3	5
1	2	3	6	7	3	6	7	6

No 133

R			L			C	E	
	D		P	F		G		
I	B				II			D
			I	L		F	L	R
	L						H	
D	F	I		R	E			
B			C				R	H
		II		E	B		C	
	P	E			I			G

A	B	C	D	E	F	G	H	I
II	コ	こ	コ	こ	ト	L	ト	I
P	P	L	L	ſ	ſ	L	II	I

No 134

1						2		
				8				
		6		1			7	9
2		5	4			1		
	4		7		5		3	
		9			1		5	
	7			4		9		1
			3		6			
		4						

1	2	3	4	5	6	7	8	9
1	2	3	4	5	6	7	8	9
1	2	3	4	5	6	7	8	9

⊢	F	I				∟	R	E
⊏				P	E			H
	D				G		F	
	H		⊐					∟
		⊏	I		F	H		
					B		G	
	I		⊏				P	
∟			∟	B				⊢
⊐	E	⊏				I	H	G

R	B	C	D	E	F	G	H	I
II	⊐	⊏	⊐	⊏	⊢	∟	⊢	I
P	P	∟	∟	⌐	⌐	∟	II	I

No 136

7					3	9		7
	1	6	4					2
	4		9	8		5		
2	3	5	7	4				
		2				1		
				2	6	8	7	5
		1		6	9		2	
4					7	2	3	
7		2	1					9

1	2	3	4	5	6	7	8	9
1	2	4	4	5	2	7	3	5
1	3	3	4	7	3	7	7	5

126

No 137

J	D						L	
C				R	G	B	F	
H			J		B			R
	C	r		L	r			
		t	c		H	P		
		B	I		D	E		
A			F		r			L
	L	P	I	C				E
	H					J	I	

A	B	C	D	E	F	G	H	I
H	J	C	J	C	t	L	t	I
P	P	L	L	r	r	L	H	I

127

	6		4			3		7
4		9		1	5			3
			6				9	
2		2	7			7		3
	1			7			4	
3		5			2	1		2
	3				2			
1			3	3		5		3
5		2			7		5	

1	2	3	4	5	6	7	8	9
1	2	4	4	5	2	7	3	5
1	2	2	2	7	3	7	7	2

Sudoku Challenge

These full-sized grids are a little more challenging than some of the previous puzzles, since they generally contain fewer pre-filled squares.

As before, either numbers, letters or symbols are used.

No 139

		1				6		
		5	7	4		8		
7					2			
	1	7		3				
	2	8	6		5	3	1	
				2		9	6	
			4					3
		9		5	7	4		
		2				5		

	4			7		5	6	2
	8		5					
	6			4	3			
3						7		
8	5						1	9
		6						3
			6	9			3	
					1		7	
2	3	1		8			4	

No 141

	9		1	2	6		5	
	1	4	9		5	3	8	
1	4		8		9		2	5
2								8
9	3		7		2		4	6
	2	9	5		7	8	6	
	8		2	6	1		9	

No 142

I			E		D			C
		E				D		
	P			L			I	
	C	D	M		E	A	P	
			C		L			
	E	S	P		A	C	L	
	M			A			C	
		L				S		
S			D		P			M

MISPLACED

No 143

	3		1		6		4	
		1	2		8	6		
				3				
	7	4	3		1	8	9	
5				6				2
	1	3	9		2	4	7	
				2				
		5	8		4	7		
	9		5		3		8	

No 144

	1				8		5	
						8		2
				5	6	3		4
	2		1					
9				3				5
					7		8	
5		4	3	9				
3		8						
	9		6				7	

135

No 145

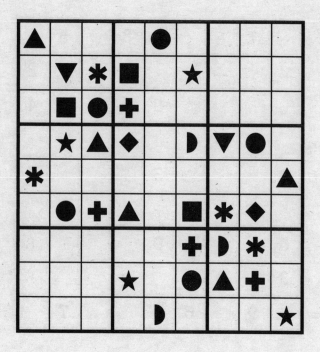

No 146

	7	5				1	9	
4			7		5			6
6								2
		6		1		9		
1			9		2			3
		2		3		8		
9								8
8			4		7			5
	2	3				4	7	

No 147

				5				
5			9		4			2
	4		1		8		9	
3	2		4		5		1	6
		7		9		8		
4	5		8		6		2	3
	7		2		1		3	
6			5		7			1
				8				

No 148

		2				3		
	1		4		8		2	
6			5		9			1
	6	7	3		1	4	5	
	8	4	7		5	1	6	
4			9		2			8
	3		6		7		9	
		9				7		

No 149

2		1	4	7				
4		9						
	7		5				6	
	3		8					
7				4				2
					6		9	
	8				9		2	
						9		3
				2	5	4		1

140

No 150

	3						6	7
1		9	5				2	
8				2		9		
			9			5	7	
	9	3			4			
		7		4				8
	5				6	2		3
3	6						1	

No 151

	3			1			6	
		8	7		2	9		
2			6		5			7
	1	9				4	2	
5								9
	7	3				5	8	
9			1		3			2
		7	5		8	6		
	4			2			7	

No 152

		4	8		5	7		
8								5
1		3		6		2		4
			6		2			
5								1
			1		7			
9		1		7		8		6
2								9
		6	9		1	4		

G			U	N			M
		P			R		
E		T			G		N
	M		E	P	U		N
	P		I	T	R		G
N		E			I		R
		M			N		
I			G	M			T

PERMUTING

8			5					
9				3		1	5	7
6				2	1			
		1					3	
5		7				2		4
	8					9		
			1	4				6
7	4	9		8				1
					9			3

No 155

		2	9		8	7		
	5	9		4		8	2	
8								6
	3			6			8	
			1		5			
	8			3			4	
5								1
	9	3		7		4	6	
		7	8		3	5		

No 156

9			5		6			2
	2						8	
6		7		9		4		3
		5		6		3		
			8		2			
		6		4		5		
7		2		3		1		5
	5						4	
1			7		5			9

147

No 157

					5		8	2
				2		1		
			1		9		5	6
6	1		7		2		9	3
		8				6		
5	9		6		4		7	8
8	3		4		1			
		6		9				
9	4		5					

No 158

5		9	6			3		
		3					7	4
	1		3					6
					6			5
	8						2	
9			8					
2					5		6	
3	7					1		
		4			1	9		2

No 159

			5					7
9	5	4		2				1
				3	4			8
	2					4		
6		3				9		5
		1					7	
8			4	6				
4				7		1	6	9
2					1			

No 160

				9		2	8	
						3	4	
7					4			9
					7	1		4
		5		3		9		
1		3	6					
5			8					6
	4	2						
	3	9		5				

151

No 161

		5	9		8	7		
	1			6			3	
9			7		1			4
4	7						6	3
		3				8		
6	8						2	9
2			6		5			1
	3			1			9	
		9	4		3	2		

152

No 162

		3				7		
8			4		9			3
	2			5			8	
	7	2	9		5	3	1	
			2		7			
	9	5	8		1	4	2	
	6			7			9	
2			1		4			6
		4				1		

								8
				5	6	1		9
	3				7			
	8		3			9	1	
2				1				5
	1	3			4		7	
			6				4	
5		9	1	2				
1								

No 164

	E						A	
O			F	E				I
		T	U		C	S		
	U	F	O		I	C	S	
	S	A	E		U	I	T	
		E	C		A	O		
T			I		F			S
	C						F	

FACETIOUS

8	6			9			1	5
5		3				7		4
		5	6		2	9		
2								3
		8	3		5	1		
1		7				2		6
3	8			5			9	7

No 166

			5					9
8	6	5		4				2
				7	3			8
		3					8	
1	4						7	5
	8					9		
3			8	2				
2				9		1	6	3
4					1			

No 167

7	3						8	5
9		5				7		4
			5		4			
	8		2		7		5	
			1		3			
	4		6		9		2	
			8		1			
6		8				1		3
5	9						4	6

No 168

	1		9		6		2	
		4				3		
	8	5				1	9	
2			6	4	8			9
4			3	5	7			1
	9	8				7	3	
		2				9		
	7		2		1		5	

No 169

	5		6		7		9	
7								2
		1	8		4	3		
3		2	7		8	9		1
8		6	5		9	4		3
		7	4		2	5		
4								6
	1		9		6		3	

No 170

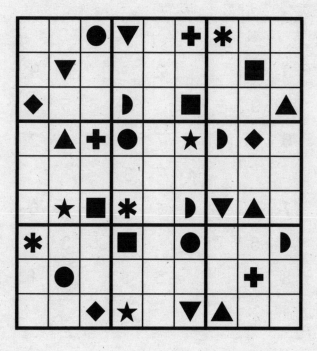

No 171

		6				1		
3	8			2			6	9
	9		8		6		5	
6				7				2
			4		3			
7				1				6
	5		6		7		3	
8	7			5			2	1
		3				4		

No 172

	7						3	
3			6		9			1
		1		2		5		
	9	5	4		1	6	2	
			7		5			
	3	4	2		6	7	5	
		6		7		8		
8			9		4			5
	4						9	

163

No 173

	6			4	8			1
		4	5					
				9			7	8
			2			5		
3				7				9
		1			4			
9	8			3				
					6	2		
7			9	2			3	

No 174

					2		4	
3		5		6	1			
1								
	9				7	5	1	
6				1				3
	1	7	4				8	
								9
			2	3		1		5
	7		8					

		M		O		C		
I			N		E			O
	C		P		M		I	
P		T				N		M
	M						G	
N		G				I		C
	E		C		G		T	
C			T		O			P
		O		N		M		

COMPETING

No 176

			5		2			
	8	2				5	4	
1	9						8	3
2			6		7			9
			4		5			
3			1		8			7
4	6						9	2
	1	9				6	3	
			3		9			

No 177

	9						2	
5			2		4			9
4		3				1		5
		2		8		5		
3			4		7			6
		4		9		2		
6		9				3		2
7			6		2			1
	8						7	

No 178

	9		2		4		7	
		7	1		3	5		
4				5				9
8		2				4		1
	4						6	
6		1				9		7
5				1				4
		9	8		5	2		
	3		9		6		8	

No 179

				8				
		7	5		6	3		
4			7		2			5
2		4	3		8	9		6
	8			1			5	
7		3	6		9	4		2
1			8		7			9
		2	9		1	6		
				6				

No 180

	4	7		2				
			6					3
		9					8	
8			3				9	
	5	2		4		7	3	
	7				5			1
	2					4		
5					1			
			7		9	6		

No 181

				9	7	4	8	
						5		
6					1			
5			6				4	8
		3		8		9		
8	6				2			1
			7					2
		8						
	4	9	8	3				

No 182

		2	4		9	5		
8			5		3			6
	5						9	
	9	4	2		7	1	8	
	8	6	9		1	4	7	
	3						2	
4			1		5			7
		7	8		6	3		

	2		5		3		6	
	5						1	
8		4		7		9		3
		1		5		6		
			2		7			
		9		8		1		
4		6		2		3		5
	1						8	
	9		4		8		7	

No 184

4			5		8			1
1		9		2		8		6
9	1						4	2
	7	4				3	6	
2	3						5	8
7		2		9		5		4
8			6		4			3

No 185

1	6						4	9
			9		6			
	9	3				8	1	
		9	2		1	3		
			5		8			
		2	7		4	6		
	7	6				4	9	
			3		5			
5	8						7	3

No 186

M		S				N		A
I			R		F			S
		A				R		
	F		M	I	S		H	
	A		E	H	N		R	
		M				H		
R			A		E			F
A		F				I		N

FISHERMAN

No 187

7		3						
8		6		4	7			
	4				9		5	
	2				1			
4				7				8
			5				3	
	1		3				8	
			9	8		7		6
						3		2

No 188

3		4		7		9		5
5			4		2			1
4	2						6	7
	3	6				1	8	
7	1						5	9
6			1		3			4
1		2		9		7		8

	1						6	
	4		7		2		1	
2		7				8		3
		1		8		3		
	8		6		3		5	
		6		5		9		
6		5				4		2
	9		2		4		7	
	3						9	

	2	8				7	6	
1								3
9			2		8			1
	1			6			7	
6			3		7			4
	3			4			5	
5			8		9			2
7								5
	4	3				8	9	

6			3		5			1
		5				9		
	4		8		7		2	
	3	8	6		1	2	7	
	9	2	5		8	4	1	
	5		7		9		6	
		7				3		
4			1		3			2

No 192

				3				
	4	5				2	3	
	7	1	2	5				9
9		3	7					
4								3
					3	7		4
8				1	6	4	9	
	3	6				1	2	
				2				

No 193

	2	3				4	7	
4		9				6		3
			4		6			
	6		5		9		1	
			8		2			
	7		1		3		4	
			7		8			
7		5				2		8
	9	4				5	6	

No 194

3			1		6			9
2		1		4		5		3
4	9						3	5
	2	8				9	7	
1	6						8	4
9		6		5		4		7
8			9		2			1

185

No 195

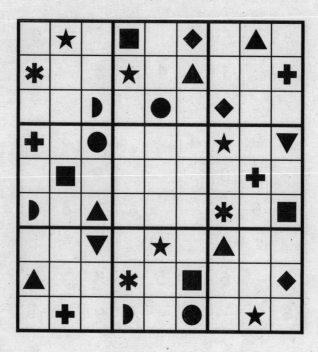

No 196

		6	5				2	9
	2	5				3		
7				8			1	
2		4	8					
					4	7		6
	1			9				4
		2				5	7	
4	3				6	9		

No 197

		C	O		U	E		
	S		I		A		T	
U								I
N		I	A		E	U		T
T		O	N		C	A		S
C								O
	E		C		I		A	
		S	U		N	T		

TENACIOUS

8	5			2			1	3
	6		5		7		9	
	9	8				6	3	
6		7				1		5
	3	5				4	2	
	4		9		8		5	
9	7			3			4	2

No 199

	4	5				6		
		7			2		8	3
3				7			9	
			1			3		6
2		4			3			
	9			1				4
7	6		5			2		
		8				5	6	

190

				5	6	3	2	
1					4			
						6		
6	2				7			8
		3		6		5		
9			1				7	6
		8						
			9					7
	6	2	4	3				

9								3
6			9		4			2
	5	8		7		1	4	
		3		9		2		
			6		7			
		1		5		3		
	8	2		6		4	9	
1			8		5			7
3								5

No 202

		6	9		4	7		
8			2		1			4
	4						2	
7	6		3		2		5	1
1	2		5		8		6	3
	9						8	
5			7		6			9
		1	4		3	5		

No 203

9		3		6				
		2	3	8				6
					4		8	
			8				7	
		6		2		3		
	1				5			
	5		7					
4				5	9	1		
				3		9		2

No 204

				5		9		1
	4		7					
2						3		
5			4				7	
4		2		3		5		6
	8				6			9
		9						8
					1		6	
3		5		2				

No 205

	7	8	3		6	9	2	
		6	1	5	8	3		
6		2	5		4	7		1
5								9
8		7	6		9	5		3
		9	8	1	5	6		
	6	5	4		3	1	9	

196

3	9		2	6		8		
6	4						1	2
				4				
					7	9		1
		1				3		
7		3	1					
				1				
4	1						3	5
		9		5	4		7	6

No 207

		3	7		8	5		
5								2
	6		5		4		1	
6			4	7	9			8
		7				4		
9			8	5	2			6
	9		1		6		7	
3								1
		8	9		5	2		

Logi-Place

Logi-Place puzzles are solved in the same way as other sudoku puzzles, except that instead of square or rectangular regions within the grid, irregularly shaped regions are used. Each row, column and shape should contain a different number.

There are three sizes of Logi-Place puzzle in the following pages and an example of a filled puzzle is below, to show how the numbers may be placed in the various shapes:

5	1	4	3	6	2
6	5	3	2	1	4
4	3	1	6	2	5
3	2	6	4	5	1
2	6	5	1	4	3
1	4	2	5	3	6

The numbers 1 to 5, 1 to 6 or 1 to 7 are used, according to the size of the grid.

No 208

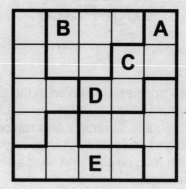

No 209

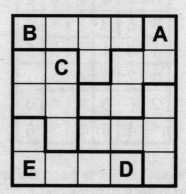

No 210

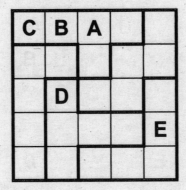

No 211

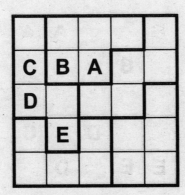

No 212

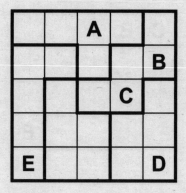

No 213

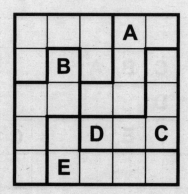

No 214

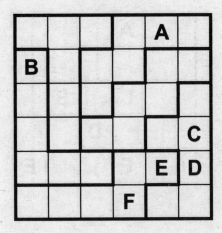

No 215

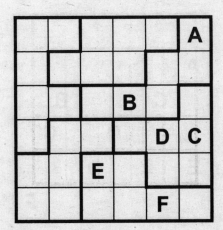

No 216

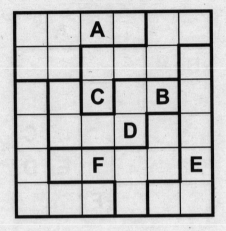

No 217

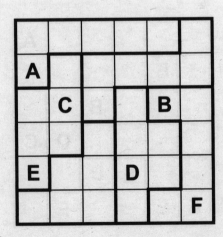

No 218

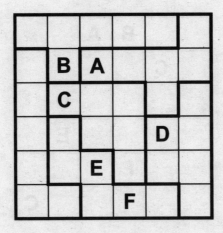

No 219

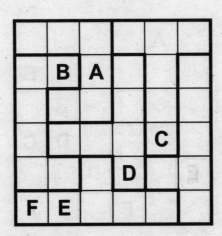

No 220

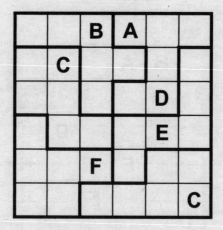

No 221

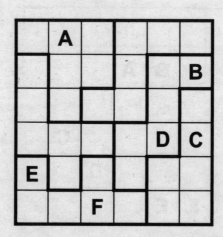

No 222

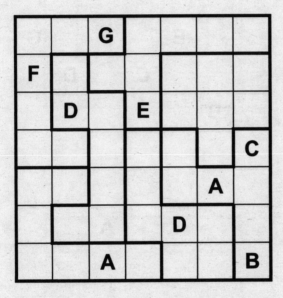

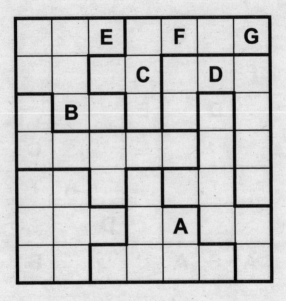

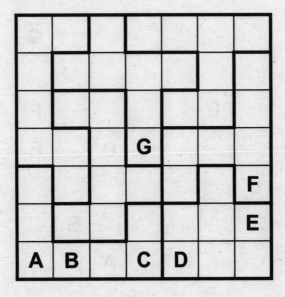

No 225

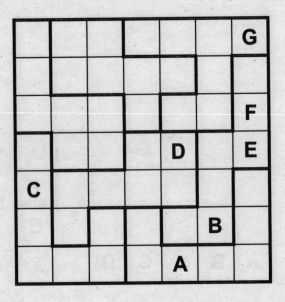

No 226

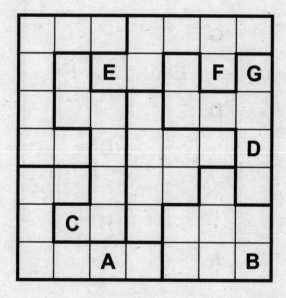

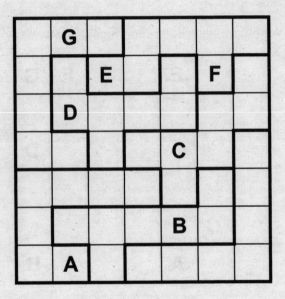

Seriously Sudoku

These full-sized grids will probably take a little longer to solve.

As before, either numbers, letters or symbols are used.

No 228

						2	4	
3			9					5
		6	8					7
1			4			3	6	
			3		7			
	3	9			6			1
6					2	4		
7					9			2
	9	2						

8	6				2			4
		5	4					
		9	5				6	
5	9		6	8				
				4	7		1	5
	7				4	9		
					6	7		
9			2				8	3

No 230

		7		9			1	
			4					8
	5						2	3
		9		7		3		
			8		4			
		6		2		4		
2	3						9	
7					8			
	1			5		7		

No 231

	1				6	9		7
4				3				2
					9		4	
5		6	7					
	8						2	
					4	1		5
	7		3					
3				2				8
6		4	8				3	

No 232

6		1		3				
			8			3		1
	9		2				6	5
		3					8	6
2	8					9		
9	5				7		1	
7		2			4			
				6		2		9

218

No 233

		1			7		2	
						4		3
	5				6		8	
5		6	1				9	
			2		5			
	9				3	5		1
	2		6				4	
6		4						
	1		4			3		

No 234

8		4			7			
		7	2	3				
						3		
	8			5				6
5			1		4			3
6				2			9	
		5						
				1	9	4		
			5			7		1

No 235

				9		8	1	
	2	8			4			
3	1				2			7
5	8					1		
		6					9	5
1			8				3	9
			5			6	7	
	9	7		6				

No 236

	1	8		5			4	
					4	2		8
		9			7			
		3			8	6		9
6								2
9		7	5			4		
			9			3		
3		5	6					
	6			8		1	9	

222

No 237

		1		6	3			
						5		
					8			
	6						8	3
	5			9			2	
4	7						1	
			4					
		3						
			5	2		7		

223

No 238

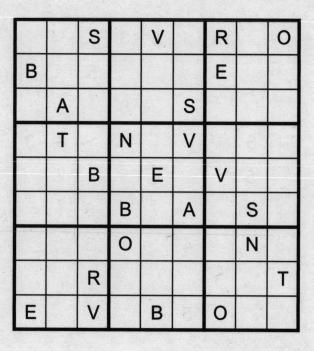

		S		V		R		O
B						E		
	A				S			
	T		N		V			
		B		E		V		
			B		A		S	
			O				N	
		R						T
E		V		B		O		

OBSERVANT

No 239

		6		9	1			
			6					
	3	8						9
		3		8			4	
	5		9		2		7	
	2			7		9		
5						3	8	
					4			
			1	5		7		

		1	5	8				
	8	6			9			
						9		
5				3			7	
	4		1		8		9	
	7			9				2
		4						
			6			1	2	
				4	3	6		

No 241

			5	3			6	
						9	1	3
			1		6			2
			9	6			7	
		8				1		
	4			7	3			
3			4		8			
9	6	5						
	8			2	5			

227

No 242

2	3				1			
4		6			5	9		
				3			2	6
6		1					3	
	9					1		5
9	5			6				
		2	8			4		9
			7				5	8

No 243

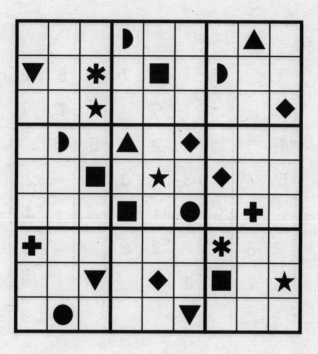

No 244

	5							
					7		8	6
			1	5			7	
4				2		6		
5			3		8			2
		9		1				4
	8			3	9			
3	7		2					
							2	

230

No 245

			4		8		7	
3		7						
2	5							1
				6		9		
	1		3		7		8	
		6		9				
8							5	3
						6		2
	7		9		2			

No 246

			6					
		8					7	
			9	2	3			
6	2							
	1			4			3	
							8	5
			7	1	5			
	9					2		
					8			

		6	7			2		4
5					1		6	
					9		5	
6		8	9	4				
				1	5	8		3
	8		1					
	6		8					9
9		4			7	1		

No 248

						7	6	9
			1	7			5	
			6		5	2		
			9	5			4	
3								6
	8			4	7			
		7	8		3			
	3			2	1			
1	5	9						

234

No 249

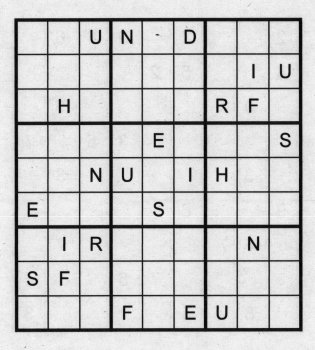

		U	N	·	D			
							I	U
	H					R	F	
			E					S
		N	U		I	H		
E			S					
	I	R					N	
S	F							
			F		E	U		

FURNISHED

No 250

2			7		9	4	6	
	8			5	2				
	9							5	
					3	5		7
	3						8	
9		1	8					
	6						7	
				7	5			4
	8	5	4		1			3

No 251

			8	7		4		
5	1		3		6	7		
8								6
	8	3			9			
4								9
			4			6	2	
3								5
		9	1		2		8	4
		1		3	8			

No 252

		1	2		4			
							9	1
	8					3	6	
7				5				
		2	1		9	8		
				7				5
	9	3					2	
5	6							
			6		7	1		

		9			2		6	
8	3		5					9
		6			4			
			4	3			9	7
7	1			2	6			
			2			7		
2					5		4	3
	4		7			9		

No 254

	3		4			8	2	
9		8		5				
			6			4		9
	7	5						1
8						9	7	
1		3			7			
				1		5		3
	5	2			9		8	

No 255

					2	5		
	9							1
7	6			1			8	
		4	1		3			
	1			9			6	
			5		6	8		
	4			6			7	9
2							4	
		3	8					

241

			1					
5	3						7	8
					9		3	
					8	1	9	
	9		3		4		6	
	6	2	7					
	4		6					
7	8						4	5
					2			

No 257

		3		2	1			
	2	4	5					
						5		
	7			5				9
	8		2		3		5	
1				6			7	
		8						
					4	3	9	
			6	8		4		

		6				5		
					7			
9		2		3	8	1		
	7		2	9				3
8				1	6		4	
		9	3	8		6		1
			4					
		5				2		

No 259

4						8		
					1			
			7	3	9			
							9	1
3				6				2
8	5							
			4	8	2			
			5					
		1						7

No 260

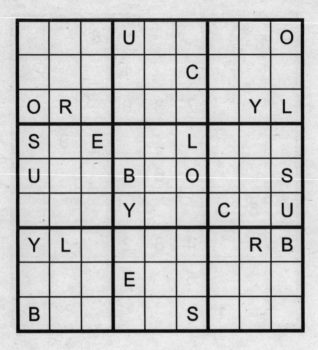

			U					O
					C			
O	R						Y	L
S		E			L			
U			B		O			S
			Y			C		U
Y	L						R	B
			E					
B					S			

OBSCURELY

246

No 261

				7	9	1		
			1					
7						3	2	
		7		6			4	
	6		7		4		5	
	8			3		2		
	3	2						5
					8			
		6	9	5				

No 262

	4	1		3			7	
	6					5		
					7			9
7			5		9			
	3			6			5	
			8		3			2
8			1					
		2					4	
	1			5		6	3	

		8			1	9		
							8	1
	6				8	5		
5	3		6			7		
			3		9			
		7			5		1	3
		9	4				5	
6	8							
		2	1			3		

No 264

			1		8		9	
6	7							5
4		9						
				3		2		
	5		4		9		8	
		3		2				
						3		6
8							7	4
	9		2		6			

No 265

	4	1						3
	2		9	3				
					2			
		6		8			3	
		5	6		3	8		
	1			4		7		
			7					
				5	9		8	
5						4	1	

No 266

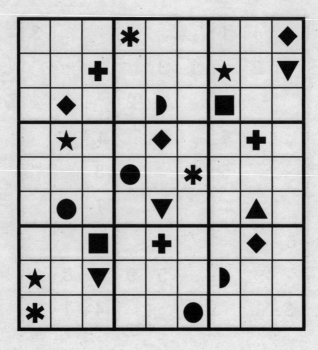

252

No 267

4							6	3
			8				9	
		9		7				5
		3		9		4		
			1		8			
		1		6		2		
5				4		9		
	8				1			
6	3							7

6			4					
		4		8		7		
	2	1	7					4
	1	3	6					
7								8
					2	3	9	
9					1	6	5	
		2		4		8		
					5			2

					5		1	
		1			9	3	5	
	2			8				4
					4		8	3
		3				7		
6	5		1					
1				7			3	
	4	7	9			8		
	6		2					

No 270

	W				N			
H				C		K		R
		C						B
			C		O		E	
R				B				C
	H		W		R			
E						N		
K		B		R				E
			H				O	

WORKBENCH

No 271

	6							
			9	2			8	
			4					
		3				1		6
		9		5		2		
4		8				7		
					1			
	7			3	6			
							9	

257

No 272

								8
9			2	1				
			5					
		4				9	5	
		1		7		2		
	8	6				3		
					6			
				3	8			4
2								

No 273

	9	6					8	
2	4							
			4		5	3		
				5				2
		8	3		9	1		
5				2				
		3	8		7			
							9	3
	1					6	4	

No 274

		8		1	5			
2			8		7			
1	3	7						
		4		8	3			
	7						9	
			1	4		6		
						8	5	3
			9		6			1
			5	2		9		

No 275

9		1			4	5		
	7		8					9
	8		5					
				5	3	8		2
7		8	9	1				
					9		3	
3					5		7	
		7	4			6		1

No 276

6	3				7			
					8		1	
		7		5		2	6	
1	9				6		4	
3								9
	7		5				8	1
	2	1		6		9		
	4		1					
			9				5	4

No 277

1				3	8			
	3						2	
5			1		7	8	6	
			6			7		4
	6						5	
3		8			5			
	2	1	3		4			9
	8						4	
			8	9				6

No 278

	4							
			5	2			9	
			8					
3						4		6
5				1				2
9		8						7
					6			
	7			3	4			
							5	

No 279

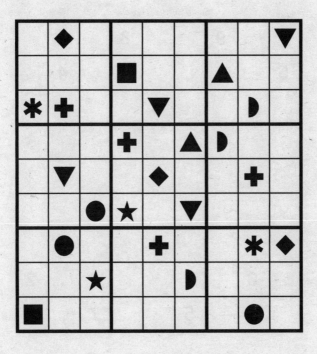

No 280

		9			8			
5							4	
	4			3			1	6
		4	9		2			
	2			6			3	
			3		7	8		
1	3			2			8	
	6							2
			5			7		

No 281

1							9	
		5	8					
	8			4			2	6
			5		2	1		
	2			6			4	
		3	4		7			
8	9			2			3	
					3	7		
	6							4

					L	B		E
B		D	E					
	M			A		N	D	
E						D	L	
	L	A						M
	N	M	I				B	
			D			M		A
A		I	S					

MANDIBLES

					4			3
		3			5			7
	7		8			6	1	
				5	3	9	2	
	2	7	4	6				
	6	4			8		5	
7			2			4		
2			5					

No 284

4						2		
	9				7			
		3		4		6		5
			4		1		8	
		6		2		4		
	3		9		6			
2		5		6		8		
			3				1	
		8						7

No 285

		3	7					
	5	1					6	
	4			9				8
1				8				9
			3		7			
7				5				2
8				6			4	
	9					5	1	
					3	8		

271

No 286

			9	5	1			
					6			
3							4	
						8	3	
	2			7			9	
	5	6						
	1							5
			3					
			8	2	4			

No 287

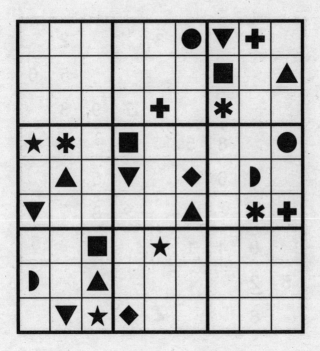

No 288

				3			2	
							5	6
					7	9	3	
4		8	5					9
		6	7		9	5		
1					2	8		3
	9	4	1					
5	2							
	8			4				

274

No 289

			5			6		
3	7			9				8
8							2	
		5	4		9			
9				7				1
			1		6	8		
	1							7
5				1			3	9
		4			2			

		6	3					5
	8	4			9			3
	9				1		4	
						2	7	
6								9
	5	1						
	3		1				8	
9			5			7	3	
4					6	5		

	B	O			M			
C	E				B			N
				U		O	E	
L	O					E		
		I					U	L
	U	N		I				
E			O				C	U
			L			I	N	

COLUMBINE

No 292

			2	7		5		
					5			
	7					8		3
		7		4				1
4			1		7			6
9				8		3		
8		3					6	
			9					
		4		6	2			

					5			
		3						8
			2	9	7			
							1	3
6				4				2
9	5							
			1	6	8			
7						9		
			3					

6	4		7			1		
		3	1					
	1			2			7	
4	8		3					
		7				2		
					6		8	5
	6			1			2	
					9	6		
		5			4		3	9

Giant Sudoku

Each grid contains sixteen rows, sixteen columns and sixteen regions of sixteen smaller squares: and every row, column and region should be filled with different numbers between 1 and 16!

			13	9	8		15		3					11	
		3	12		4		14			13		16		2	
	16	11						14		12	4		6		
6	2			10		7		11					14	13	
5		8	3	14		10	1	12			2			9	15
	7					6	4			9	5	10	8	16	14
9	13			12					8	16					
			16				2	1	11					5	
12	5	1		8			11						15		
10		2	7	16		5									
			14		6				2		8	5	3		1
		15		4		13		7		5	1	9	10		
	14		6	2		9		13			11	7			
	12		2	7			16			10				14	13
	4		8				10		12			2			9
		13		3	15	14		4	5						

No 296

8	14				3	12			6			9	10		
			9	10	15		11			1	16				
10	2			5	14			7			9				3
16	4				6					8		5			14
	3	6	14	1	12										
1		8	13		4	7								11	
			11	9	16			13	1		3			6	5
	10						2	4		14		13		15	1
	15	1	4	6	10	13		14			8	11	5		
3				2		16		1	5			10	12	4	6
9		5			8				12	4					
	12					14				7	13		1		
	9				5	11	4			15			7		
	8		15			10	16		9				14		12
12			7					16	8		10			2	
14		2		3	6						7		9	10	

No 297

7				15						16	3	1		2	13
	6					4	5	13	14	1				11	9
	1	13	12		10	16								6	
14	3		11			8	13								
5				16	6	9					2		10		
12	2			4	7			5					3		8
	10	8						12	7	4				15	
		3	15			11	14		10				5	7	
	5			6		2	7		4		13				
16		4			11						12	9			3
3		12			8	14		11				5	7		
15		7				3	9		5	10					14
		5	9			12		8			16				
2	16		13		1	7	11		12	3		6	9		
8					3				1		10		13		
		14			4		15	9		13		7	8	16	11

No 298

3	7	12		4		6			10	16	13		11	1	
15		9		5	3	7	13	14					16		4
	1							8		4		13			5
		11		16					5			2		12	
	14	5		7		8		1	11						3
7	10		6								8	16		9	
4	11				14			7	15				2	8	
		3			11	4		9	13			1			
	4	6	13	2					8			10			
		7	9	11	5				1		10				8
						15	5				2		9	7	1
14	3			8			7	11		15				2	
16	5								14	3	11				
	13	2					6	16		1	12				
8	9				4		3				6		12	14	16
			15		16	12	10		7			11	13		

No 299

	9	3		4		2		7	16						8
4	13		1							2	10		15		
6	16				9			4	12				5	2	
		8			16	6		15	11			7			
10	3								9	8	16				
	11	5					1	10		7	14				
2	15				6		8				1		14	9	10
			12		10	14	13		4			16	11		
8	4	14		6		1			13	10	11		16	7	
12		15		3	8	4	11	9					10		6
	7							2		6		11			3
		16		10					3			5		14	
	6	1	11	5					2			13			
		4	15	16	3				7		13				2
							12	3			5		15	4	7
9	8			2			4	16		12				5	

286

No 300

10		16				12	14			15	8				9
	3		6	10			9	2	14					7	
11		4	5				7				9	15			
				2					12	7			16	10	8
14							1				12	7		13	
			8					5	9			4			12
16	2			4	10	6	12		3					1	
13	6		10		11		5	1		4	15		14	8	
		2		15	13	1					10	14	4		
	9		16	6		5				11			13	3	1
7			4	11			8	1	13						
	1		12				6		14	3					
	5		14			3			10		2		7	9	
12			3		9		10		8		14				6
6					5	14			16		4	8			
	10	11	15						9		1		16		

		1	16			11	12		14			8	6	4	
		13	8					6	3		11				
7				4		2	8	15						5	3
	10	5				14			4	8	9				
						7			10	13		9	15	1	
5	14	12			10			16							2
		11	6		16	15				3	7		10		
1	15				3		13	9	2			16			
14		2	15						16				1		8
	11			12			3	5		1					9
	13	6		16	15			3		9		11			
		3	12				6	7		15			16	10	
	1		7	15	13	5	11			6		12		8	
	3				8			13					4		10
	4	15	11	14	12			2	5		8		9	3	
		9								16	12	13			5

No 302

12			4			9	13					16			
	16	7		6	4		1	13		10		11		15	5
	5		14	12				1							7
13		1				2		12	15	11	4			3	8
	8		1		9							6	10	11	
			16	4		8			7	13					15
15				7		16		11		9		2			12
	9	14		3		11			2			7		13	
			6	9				14				13	4		10
9				16	6			7	12				8		11
16	11	8			14	12					3				
	14				7	3	9				11	15		2	
		4	7	11				1	5	6			3		
1	2	5			10			13		15	8		9		
				5	1	16				10	4			14	
				2	7		15					12		1	

No 303

	11					3	9		16		15	13			6
		8	1	16									15	14	2
10			16			7	15			6			12		3
		9				5	1		12	3		11			
				3	11	6							8		13
				4	9		8	14				10			5
4	8		6	14				11		12			16		1
5		3				15		2	4	8				7	
3			9	5	8	2			14		12	4	11		15
8	12						6	5	15	11	13	1	7		
	13	5			12		16								9
		10	4			13					8	3			
		2				16					10	14		5	12
	16			2		9				13	3	15		1	
1	9		15	10			13	7							
			10		7		3	15			16		6		11

No 304

4		7	15		3	5			12						
	13					2			5		6	11			1
5				12	16			4	2		8		9		
		2			13	7	3		16			15			4
		6	10		9			8	11	3	4			12	15
14	5					3			10						16
7			16	10		11	13			6	1	4		8	14
	11	3		6	2							7			
9		10	14			1		6	8			15		2	
				8		16	9					3		10	
	16		11				4	10	13		14		12		
				7	10	14			1			11			5
15	10					2						13	1	4	
	7				15		11	16			6				8
		8			7		16			4	2	9			3
2			5		4		12	9				16		6	

	14		9				2	12	15		16		10		
11		12	16		3		8	6			13		4		
			5	12	16		3			9			7		
			6		14	11				1		12			
		4			15	5	1		14			13		2	
7			10	14				2	4		6		11		
	15					4			7		8	9		3	
2		5	13		1	7			10						
		6			5		14			2	4	11			1
4			7		2		10	11				14		8	
13	12					4						15	3	2	
	5				13		9	14			8				6
		8	12		11			6	9	1	2			10	13
16	7						1			12					14
5			14	12		9	15			8	3	2		6	16
	9	1		8	4							5			

No 306

				1	9			5			8				12
	8	10	5			15		16	11	7	1	4	14		
		4	16	6				15					9		
7	1	9	11			8	4		13		3				2
15			8		5				7					1	13
2				12			6			15	8			3	11
				13	4			10		14	11	12			
		11	12			7			9	2				15	5
	3			11		5	13					6			9
	11	12		6						7	2		3		15
		6			14			1	10	8				12	
9		15				12		13	11			14		5	
									9	4	15	7	2		
	10							6	1		16	5			4
8	7			2		4	16			13	12	10			
4	14		16		15		1	3						11	

No 307

14			5		8				6					4	16
3				9			7			14	5			2	10
				16	1			11		15	10	9			
		10	9			6			12	3				14	8
	11								7	4		13	8		1
1	15		13		14		4	2						10	
										12	1	14	6	3	
5	6			3		1	13			16	9	11			
					4	12				8				5	9
		5	11	8			14		13	10	6	4	1	15	
	1	13	7						14					12	
6	4	12	10			5	1		16		2				3
	10	9		7						6	3		2		14
	2			10		8	16					7			12
12		14				9		16	10			15		8	
		7			15			4	11	5				9	

294

3				11					4	15	5		16		
10	13						16			14	9		1		11
			6		9	14	1					13			3
16			14			3		7	2			10		6	
				5			13		1			16		4	
4		15			10	1		2	14	12			11	8	5
8				3		12				10			13		
13	2	14	5		8		4	6		9		7			
	8	12	11	10	5						6		14		
	4		2		12	7	8	16	9						15
		15							5	3		8		1	12
								8	13				7	2	10
			8		9		14	11		15					16
	10	4		1					2			9	5		
14		16				2			7	13		1	10		
	7				3	16		4	10			14	6		

	12		11		4	6	8	16	1						14
								8	13				6	11	3
	8	4	2	3	5						7		15		
			14					5	10			8		9	4
			7		1	15	9					13			10
10				2					12	14	5		16		
16			15			10		6	11			3		7	
3	13						16			15	1		9		2
			8		1		15	2		14					16
	3	12	9						11			1	5		
15		16				11		6	13			9	3		
	6			10	16		12	3				15	7		
13	11	15	5		8		12	7		1		6			
8			10		4				3			13			
12		14			3	9		11	15	4			2	8	5
			5			13		9			16		12		

Monster Sudoku

Every puzzle consists of five overlapping Six-Pack Sudoku grids. Where they overlap, sharing two squares with another grid, the squares are shaded and the number in each shared square is common to both grids.

You can cross-reference between grids to work out which numbers can be placed in the shared squares.

An example of a solved grid is shown below.

No 310

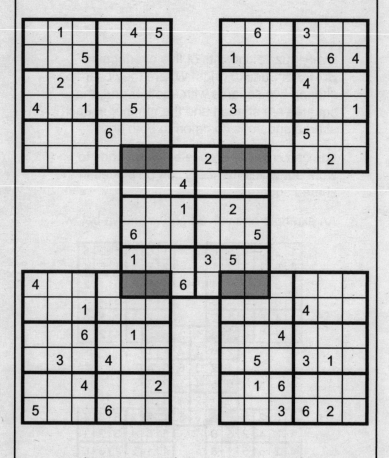

No 311

No 312

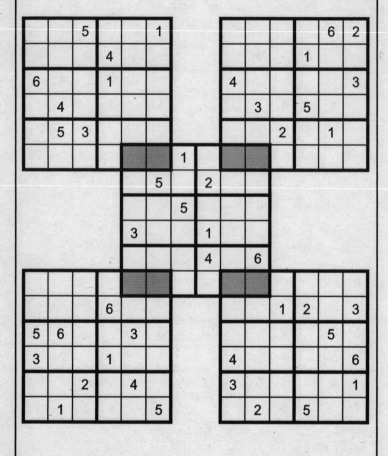

No 313

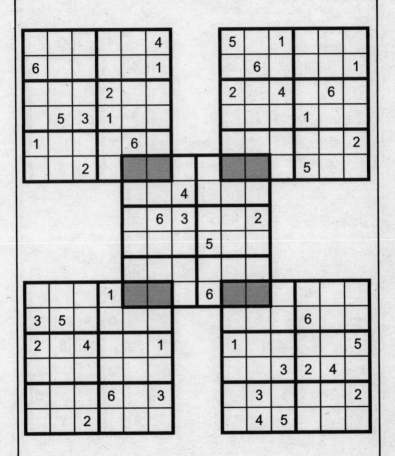

No 314

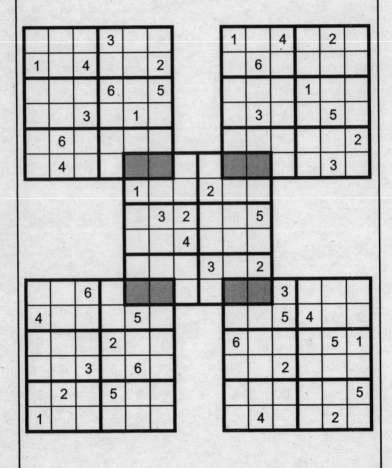

No 315

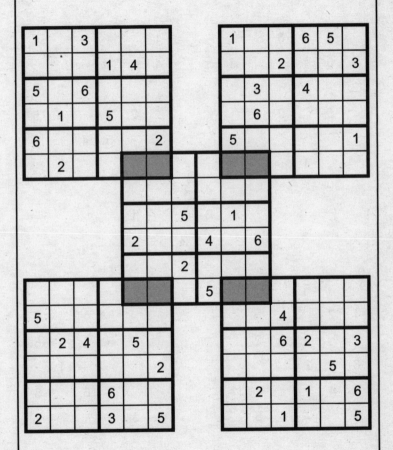

No 316

No 317

No 318

No 319

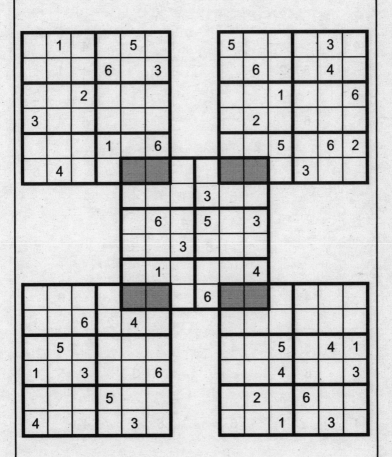

No 320

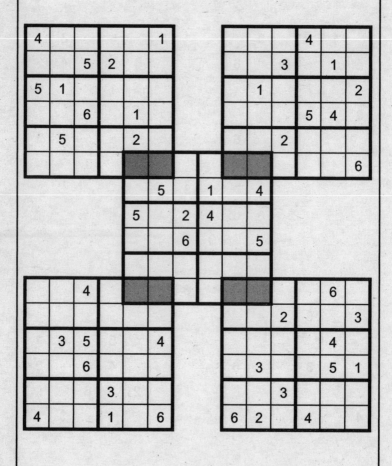

No 321

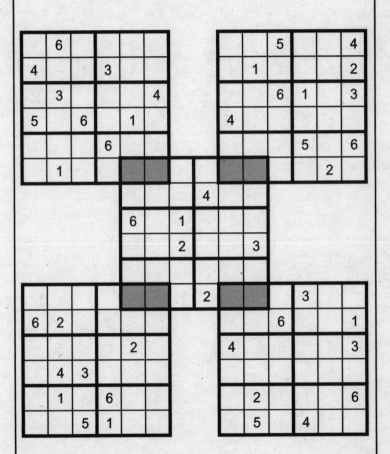

No 322

Expert Sudoku

These full-sized grids are a lot harder to solve. Just as in a game of chess, you may need to plan many moves ahead before placing a number, letter or symbol, thinking of the impact each of the possible alternatives would have on the rest of the puzzle.

At this (expert) level, it may not be immediately obvious that by putting a particular number, letter or symbol into a square, the end result would be a row, column or region in which it is impossible to place nine different numbers, letters or symbols. So feel free to use a pencil and keep an eraser close at hand!

No 323

			8			3		1
	3	4		7				
	5			9				7
8			1					
	7			5			2	
					9			6
5				1			3	
				2		5	7	
9		7			4			

No 324

	7		3	2			9	
				9		8		5
						4		
			7				3	
		1		4		9		
	2				6			
		8						
4		9		1				
	1			8	5		6	

5				1		8		
		2	3		9			1
	4							
	8			7	2	9		5
9		5	8	6			2	
							4	
3			6		5	2		
		9		2				7

No 326

	3	1	5					
	5			7			8	6
							9	
			1			4		
	8			6			7	
		3			2			
	6							
5	9			8			3	
					3	2	5	

315

No 327

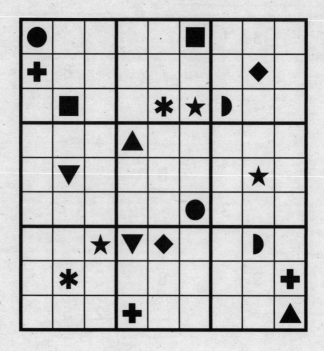

316

No 328

1					2	9		
	5						7	
3	9		7				8	
8			1	4				
	4						3	
				6	5			9
	1				8		2	5
	2						1	
		6	3					4

9	5						8	
		2	4		8			
						2		9
				1	3			5
	2	5				9	3	
1			9	7				
2		3						
			6		1	4		
	1						6	3

No 330

					4	1	6	
9				5			3	
1		2		3				
			5				7	
3				9				8
	4				6			
				8		9		3
	9			6				1
	5	3	2					

319

	F		T					
	H							E
			H		R			
	I						T	
E			S					G
	O						F	
		S	G					
H							I	
				F		O		

FORESIGHT

No 332

					9	8		
						4	5	6
				7	1		3	
		9			2		7	
5			6		4			1
	3		8			5		
	4		9	2				
6	9	5						
		2	3					

No 333

		9	5	1				
				4			2	8
								1
		1			9			
7		8		2		3		4
			6			5		
2								
4	8			7				
				5	3	6		

No 334

	7							
					2	8		
5	3			6				
		4	6		1			
	6			7			3	
			8		3	9		
				3			5	7
		1	9					
							4	

No 335

	3	1					6	
4					3	8		
			4		7		5	
							2	
	6		2	9	5		3	
	8							
	5		3		6			
		6	9					1
	4					6	7	

324

No 336

8		3			4			
4				1			8	6
								9
					3	4		
5				9				1
		2	7					
6								
1	9			5				8
			8			7		4

			8					1
	3							
1	7	2		5				
					1			4
	5			3			7	
9			6					
				7		3	2	6
							9	
6					4			

No 338

	2				5			1
9					2		5	
			7			3		
6					7			9
	1		8		6		4	
5			1					2
		3			1			
	8		5					4
1			2				7	

No 339

6				3		1		
					9	8	2	
2	4			1				
			3			7		
1				6				5
		9			8			
				5			6	1
	1	3	4					
		6		8				2

328

No 340

			6			4	8	
7	8			9				
3						9		
					4	3		
9	4			8			5	2
		6	5					
		7						8
				2			7	9
	9	5			1			

329

No 341

			4	9				7
	9							
	3	8		5				
4			2					
1	5			8			6	3
					7			9
				6		3	5	
							8	
2				4	1			

330

No 342

T				U	O			
N	S	E						
	C				D			
U				R			D	
		O	E	S	N			
	N		C					T
			T				R	
						E	N	D
			D	R				S

CONSTRUED

No 343

	5		7		3			
4			1			3		
	6						1	2
							4	
	1		5	8	9		6	
	9							
6	7						3	
		2			8			6
			6		1		5	

No 344

3	6			7				4
					4	1		6
5								
		4			1			
7				5				2
			8			9		
								3
4		8	6					
6				2			5	7

No 345

5								
8		6		1			4	5
					4		7	
	4				3			
1				6				2
			7				5	
	3		9					
4	5			2		8		1
								6

No 346

4	5			3			1	9
						2		
	7	1	6					
	8		1			7		
			3		2			
		9			4		6	
					5	3	4	
		5						
8	6			7			9	1

No 347

				6		1	2	
							9	
7			8					
			7		5			8
	5			9			6	
4			6		3			
					1			3
	2							
	6	9		5				

No 348

1				5		2		
		9						
							7	8
	8	5	4					
		3				1		
					7	9	2	
8	4							
						6		
		6		9				3

9	6	2		8				
	1							
			3			2		
		3	7					
	8			9			5	
					2	1		
		7			4			
							9	
			5			7	8	6

No 350

					7	2		6
	2	8		3		7		
		9						
7					6			
		3		9		1		
			4					5
						8		
		2		1		3	9	
4		7	2					

No 351

	6				4			
				2			8	
		1					7	
		2				4		
9				7				1
		3				6		
	4					5		
	8			9				
			1				3	

No 352

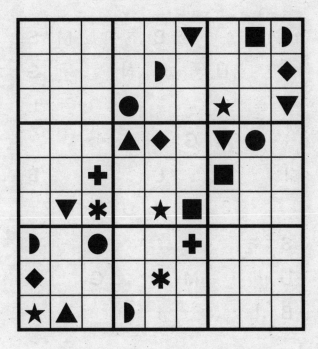

No 353

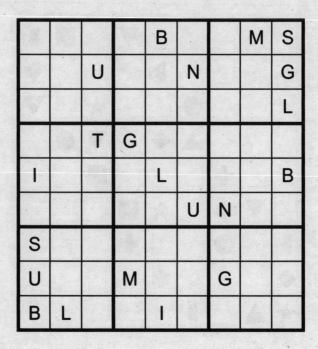

				B			M	S
		U			N			G
								L
		T	G					
I				L				B
					U	N		
S								
U			M			G		
B	L			I				

STUMBLING

No 354

			5		7		2	
		7	8					1
6	8						4	
							3	
	4		2	9	3		8	
	1							
	7						5	4
4					9	6		
	2		4		8			

No 355

	1	6		7				
		3			5			4
		8						
5					4			
		7		8		9		
			3					2
						6		
3			1			4		
				9		7	8	

No 356

3					8	9		
				2		1	6	
						4		
7			9					
		1		6		2		
					3			5
		6						
	8	4		1				
		3	7					9

4						3		9
		1			9		2	
8			2		6			
								1
9			5	7	8			4
5								
			9		4			8
	3		7			4		
6		4						2

No 358

		1					5	
	8		2					
				3			7	
		3				2		
4				5				1
		6				8		
	7			4				
					1		6	
	2					9		

No 359

2		9		7				
					4	2	1	
5							9	
			1				8	
7		1		5		3		2
	6				3			
	2							6
	3	5	8					
				2		5		9

No 360

			1				6	7
				7				9
					8	5		1
	1	2	6	5				
		4				6		
			9	3	1	8		
7		8	4					
9				2				
5	3				7			

No 361

	4							
	8	5		1				
				3	2			7
			7					3
5	1			4			8	2
6					9			
9			3	6				
				8		4	5	
							6	

No 362

	1			3		9		
2					4	3		
7				2				8
	7		3				1	
			5		6			
	6				2		8	
6				9				4
		9	6					3
		2		4			9	

No 363

	9				8	5		
		8			5		2	
4			6					
	2				6		3	
		7	1		3	9		
	5		9				8	
					9			4
	7		8			1		
		6	5				9	

No 364

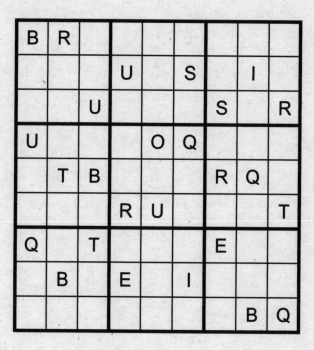

B	R							
			U		S		I	
		U				S		R
U				O	Q			
	T	B				R	Q	
			R	U				T
Q		T				E		
	B		E		I			
							B	Q

SOBRIQUET

No 365

			6					4
	2	9		3				
	5							
			3		1			7
	3			5			8	
6			4		8			
							2	
				8		5	3	
1					9			

No 366

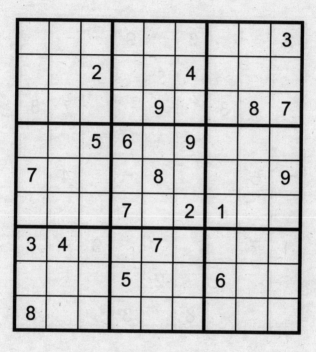

No 367

2			6		9			
				4				
		3					7	8
						2		
	6			1			4	
		8						
1	7					9		
				2				
			8		3			5

No 368

				9			7	1
								6
		4	8			9		
		3			4			
1		8		6		7		9
			5			2		
		1			3	5		
2								
7	6			1				

No 369

			9			6		
3	5						8	
7	1			8				
					6	5		
8				3				7
		2	4					
				7			3	1
	9						5	2
		4			5			

No 370

				9	1	7		
					2			9
						1	8	3
		6	9					1
	5		7		8		3	
3					4	2		
7	8	3						
4			1					
		2	5	6				

No 371

		2		1				7
					6		4	3
	7	4		5				
			1					8
		5		7		4		
9					3			
				4		2	6	
1	2		8					
4				3		7		

No 372

			2					9
	8			6				
		4						6
2								5
		7		1		4		
9								3
5						6		
				7			1	
3					9			

No 373

		3					2	
2		6		1				
					9		8	6
			8				5	
8		1		3		6		4
	7				4			
3	4		5					
				6		2		3
	6					7		

No 374

			5		1			3
4				7		2		
	6							
8	5						4	
				6				
	9						1	7
							9	
		7		3				6
1			8		2			

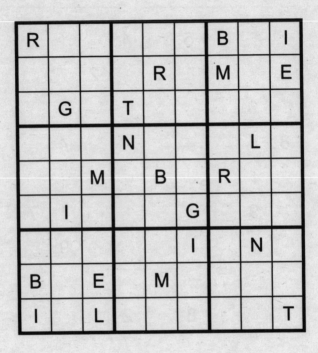

TREMBLING

		6						
				7	9		2	
4		1		5				
			8				7	
	4	5		6		3	9	
	9				2			
				3		5		6
	8		4	1				
						1		

No 377

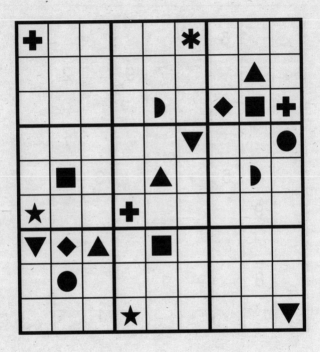

Slitherlink

Join the dots and create a continuous 'loop' of straight lines, according to the number within each square.

Each number indicates precisely how many sides of that square may be filled in, to create the 'loop', as in the example of a completed puzzle below:

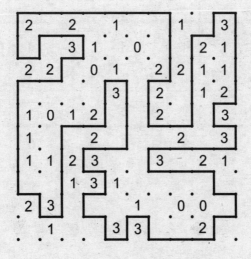

No 378

A Slitherlink puzzle grid with the following clue numbers:

```
·   ·   ·   ·   ·   ·   ·   ·   ·   ·   ·   ·
      2   1       3       3           3
·   ·   ·   ·   ·   ·   ·   ·   ·   ·   ·   ·
  2           0   1               1   3   2
·   ·   ·   ·   ·   ·   ·   ·   ·   ·   ·   ·
      1   0           2               1
·   ·   ·   ·   ·   ·   ·   ·   ·   ·   ·   ·
  1               1               1       1
·   ·   ·   ·   ·   ·   ·   ·   ·   ·   ·   ·
  2       0               3       2       1
·   ·   ·   ·   ·   ·   ·   ·   ·   ·   ·   ·
      3   1       2   2
·   ·   ·   ·   ·   ·   ·   ·   ·   ·   ·   ·
          1       1           1   0   1
·   ·   ·   ·   ·   ·   ·   ·   ·   ·   ·   ·
  1                       1   1   1
·   ·   ·   ·   ·   ·   ·   ·   ·   ·   ·   ·
  2   0           0   1
·   ·   ·   ·   ·   ·   ·   ·   ·   ·   ·   ·
          3   3   3   3   2   0
·   ·   ·   ·   ·   ·   ·   ·   ·   ·   ·   ·
```

```
.   .   .   .   .   .   .   .   .   .   .
      2                           3
.   .   .   .   .   .   .   .   .   .   .
  3       3   2   2           1           2
.   .   .   .   .   .   .   .   .   .   .
      1       3                       1   3
.   .   .   .   .   .   .   .   .   .   .
      1   1           1   1   0           3
.   .   .   .   .   .   .   .   .   .   .
          3                   1       0   2   2
.   .   .   .   .   .   .   .   .   .   .
      2   2   3   2   2   3
.   .   .   .   .   .   .   .   .   .   .
      3                       1       2   2   3
.   .   .   .   .   .   .   .   .   .   .
  1               0   2           2           2
.   .   .   .   .   .   .   .   .   .   .
                      0                   1
.   .   .   .   .   .   .   .   .   .   .
  1   2       1           1   3       2   3
.   .   .   .   .   .   .   .   .   .   .
```

```
.   .   .   .   .   .   .   .   .   .   .
        1   2   1       1           1
.   .   .   .   .   .   .   .   .   .   .
  2       1           3       2       0   1
.   .   .   .   .   .   .   .   .   .   .
    3                   2   1       1
.   .   .   .   .   .   .   .   .   .   .
    1   0       0       1   1       0
.   .   .   .   .   .   .   .   .   .   .
  1               1       2   0               2
.   .   .   .   .   .   .   .   .   .   .
  1                                   1   3
.   .   .   .   .   .   .   .   .   .   .
        2   0       1   2           1
.   .   .   .   .   .   .   .   .   .   .
  2               2           0   1   3   2
.   .   .   .   .   .   .   .   .   .   .
  2           1   0   0                   2
.   .   .   .   .   .   .   .   .   .   .
  3                       0       3   2
.   .   .   .   .   .   .   .   .   .   .
```

```
·   ·   ·   ·   ·   ·   ·   ·   ·   ·   ·   ·
      2   2       3       1       1   3
·   ·   ·   ·   ·   ·   ·   ·   ·   ·   ·   ·
          2               1
·   ·   ·   ·   ·   ·   ·   ·   ·   ·   ·   ·
  2               3   1   0           3
·   ·   ·   ·   ·   ·   ·   ·   ·   ·   ·   ·
  1   1   3               2       3
·   ·   ·   ·   ·   ·   ·   ·   ·   ·   ·   ·
  1       1   0           1
·   ·   ·   ·   ·   ·   ·   ·   ·   ·   ·   ·
          1       1       3   3       2
·   ·   ·   ·   ·   ·   ·   ·   ·   ·   ·   ·
  2       2   3       0       1           1
·   ·   ·   ·   ·   ·   ·   ·   ·   ·   ·   ·
  3       2   2       0
·   ·   ·   ·   ·   ·   ·   ·   ·   ·   ·   ·
          2   0       2       1   2
·   ·   ·   ·   ·   ·   ·   ·   ·   ·   ·   ·
    2   2       1   2   1       2       3
·   ·   ·   ·   ·   ·   ·   ·   ·   ·   ·   ·
```

No 382

```
•   •   •   •   •   •   •   •   •   •   •   •
  2   3                       2           2
•   •   •   •   •   •   •   •   •   •   •   •
        1   0   1   2   2       2
•   •   •   •   •   •   •   •   •   •   •   •
  2   0           3   2           2           3
•   •   •   •   •   •   •   •   •   •   •   •
    2   0   0           1   1   2           2
•   •   •   •   •   •   •   •   •   •   •   •
    3           2   2           0           1
•   •   •   •   •   •   •   •   •   •   •   •
                1   1   3   1
•   •   •   •   •   •   •   •   •   •   •   •
    3       2               0       0   2
•   •   •   •   •   •   •   •   •   •   •   •
  1   0   1   1   1   1
•   •   •   •   •   •   •   •   •   •   •   •
            0               1
•   •   •   •   •   •   •   •   •   •   •   •
            3               1   1   2
•   •   •   •   •   •   •   •   •   •   •   •
```

```
•   •   •   •   •   •   •   •   •   •   •
        1       2               1   2
•   •   •   •   •   •   •   •   •   •   •
  2                       0       1
•   •   •   •   •   •   •   •   •   •   •
  1   1   3   1       1       2   3   1
•   •   •   •   •   •   •   •   •   •   •
          3           0   2           1
•   •   •   •   •   •   •   •   •   •   •
    3           3   2               2
•   •   •   •   •   •   •   •   •   •   •
          3   2                     2
•   •   •   •   •   •   •   •   •   •   •
  2   3           2   3       2       2
•   •   •   •   •   •   •   •   •   •   •
    2           0   0   1       0   1   1
•   •   •   •   •   •   •   •   •   •   •
  1           0               0       1
•   •   •   •   •   •   •   •   •   •   •
    3   2           2   3       1   2
•   •   •   •   •   •   •   •   •   •   •
```

No 384

```
.   .   .   .   .   .   .   .   .   .   .   .
          1                       1   2
.   .   .   .   .   .   .   .   .   .   .   .
    2                   1   0
.   .   .   .   .   .   .   .   .   .   .   .
    2           1   2   1       3   3   1   2
.   .   .   .   .   .   .   .   .   .   .   .
        1   3   2                       2   3
.   .   .   .   .   .   .   .   .   .   .   .
1                   2   2   3               2
.   .   .   .   .   .   .   .   .   .   .   .
    1               2   1   1               2
.   .   .   .   .   .   .   .   .   .   .   .
2       1       0   2       2       1
.   .   .   .   .   .   .   .   .   .   .   .
    1                           0
.   .   .   .   .   .   .   .   .   .   .   .
3   1       0           3               3
.   .   .   .   .   .   .   .   .   .   .   .
    1       2   2   1   0   2   2       2
.   .   .   .   .   .   .   .   .   .   .   .
```

```
•   •   •   •   •   •   •   •   •   •   •
      1   2       1   2       3
•   •   •   •   •   •   •   •   •   •   •
  3       0       2   1       1       1
•   •   •   •   •   •   •   •   •   •   •
  2   0                   0       1   3
•   •   •   •   •   •   •   •   •   •   •
  1       0   2                   1   1
•   •   •   •   •   •   •   •   •   •   •
              3           3   2
•   •   •   •   •   •   •   •   •   •   •
          0       2           3       2
•   •   •   •   •   •   •   •   •   •   •
                  3   2           2
•   •   •   •   •   •   •   •   •   •   •
  1   2   2   3       1       1   3
•   •   •   •   •   •   •   •   •   •   •
  1       1           2       3   1   1
•   •   •   •   •   •   •   •   •   •   •
  0           2   2       3       1   2
•   •   •   •   •   •   •   •   •   •   •
```

No 386

```
.   .   .   .   .   .   .   .   .   .   .   .
    0       0               3   3   1
.   .   .   .   .   .   .   .   .   .   .   .
    2       1       1           1   2
.   .   .   .   .   .   .   .   .   .   .   .
                3       0           3   2
.   .   .   .   .   .   .   .   .   .   .   .
        2           3       1   0
.   .   .   .   .   .   .   .   .   .   .   .
2   3   3   3           2       2
.   .   .   .   .   .   .   .   .   .   .   .
                1       1       2
.   .   .   .   .   .   .   .   .   .   .   .
1                   0   2   1   2   1
.   .   .   .   .   .   .   .   .   .   .   .
    1               1       1           3
.   .   .   .   .   .   .   .   .   .   .   .
1       1       0   2   2       1
.   .   .   .   .   .   .   .   .   .   .   .
    1   2       2       1       3   2   2
.   .   .   .   .   .   .   .   .   .   .   .
```

376

No 387

No 388

```
•   •   •   •   •   •   •   •   •   •   •   •
  2   1       3   2           2
•   •   •   •   •   •   •   •   •   •   •   •
  2                   3       2   3   1
•   •   •   •   •   •   •   •   •   •   •   •
    1   1   0                   0   1   2
•   •   •   •   •   •   •   •   •   •   •   •
  1                   1
•   •   •   •   •   •   •   •   •   •   •   •
    1               1   0   1   1
•   •   •   •   •   •   •   •   •   •   •   •
        0       2   2           3   2
•   •   •   •   •   •   •   •   •   •   •   •
    1   2               1   1               1
•   •   •   •   •   •   •   •   •   •   •   •
  3       1       0       2   1       1   1
•   •   •   •   •   •   •   •   •   •   •   •
  1   3           0               2       1
•   •   •   •   •   •   •   •   •   •   •   •
        2       2   2       2               3
•   •   •   •   •   •   •   •   •   •   •   •
```

Patchwork

In addition to every row and every column containing seven different letters, the two longest diagonal lines of seven squares also contain seven different letters.

Follow the clues to work out which letter (A, B, C, D, E, F or G) should be placed into each square.

No 389

1	2	3	4	5	6	7 B
8	9	10	11 F	12	13	14
15	16	17 C	18	19	20	21
22 A	23	24	25	26	27	28
29	30	31	32	33	34	35
36	37 D	38	39	40	41	42
43	44	45	46 E	47	48	49

1. The letter in square 1 is the same as that in square 48.

2. The letter in square 3 is the same as that in square 18.

3. The letter in square 4 is the same as that in square 38.

4. The letter in square 9 is the same as that in square 42.

5. The letter in square 10 is the same as that in square 32.

6. The letter in square 12 is the same as that in square 43.

7. The letter in square 35 is the same as that in square 39.

No 390

1	2	3	4	5	6 G	7
8	9 D	10	11	12 A	13	14
15	16	17	18	19	20	21
22	23	24 C	25	26	27	28
29	30 F	31	32	33	34	35
36	37	38	39	40 E	41	42
43	44	45 E	46	47	48	49 B

1. The letter in square 14 is the same as that in square 29.

2. The letter in square 25 is the same as that in square 47.

3. The letter in square 27 is the same as that in square 37.

4. The letter in square 28 is the same as that in square 33.

5. The letter in square 39 is the same as that in square 44.

No 391

1	2 E	3	4	5	6	7
8	9	10	11	12 F	13	14
15	16	17 B	18	19	20	21 C
22	23	24	25	26	27	28
29 A	30	31	32	33 G	34	35
36	37	38 F	39	40	41	42
43	44	45	46	47	48 D	49

1. The letter in square 1 is the same as that in square 18.

2. The letter in square 5 is the same as that in square 30.

3. The letter in square 7 is the same as that in square 11.

4. The letter in square 9 is the same as that in square 34.

5. The letter in square 32 is the same as that in square 49.

No 392

1	2 D	3	4	5	6	7
8	9	10	11 B	12	13	14
15	16	17	18	19 G	20	21
22	23	24 F	25	26	27	28
29	30	31	32	33	34	35 B
36	37	38	39	40	41 A	42
43 C	44	45	46	47	48	49

1. The letter in square 6 is the same as that in square 32.

2. The letter in square 14 is the same as that in square 16.

3. The letter in square 38 is the same as that in square 44.

4. The letters in squares 17 and 22 are not the same.

5. The letters in squares 23 and 36 are not the same.

6. The letters in squares 7 and 29 are not the same.

7. The letters in squares 21 and 29 are not the same.

No 393

1	2	3	4 F	5	6	7
8	9 D	10	11	12	13	14
15 C	16	17	18	19	20 E	21
22	23	24	25	26	27	28 G
29	30	31 A	32	33	34	35
36	37	38	39	40	41	42
43	44	45	46	47 B	48	49

1. The letter in square 1 is the same as that in square 19.

2. The letter in square 21 is the same as that in square 23.

3. The letter in square 16 is the same as that in square 42, which is different to the letter in square 25.

4. The letters in squares 18 and 43 are not the same.

5. The letters in squares 34 and 44 are not the same.

No 394

1	2	3	4	5	6 F	7
8	9	10	11	12	13	14
15	16	17 E	18	19 A	20	21
22	23	24	25	26	27	28 C
29	30	31	32 D	33	34	35
36	37 G	38	39	40	41	42
43	44	45	46	47	48 B	49

1. The letter in square 7 is the same as that in square 45.

2. The letter in square 12 is the same as that in square 35.

3. The letter in square 20 is the same as that in square 29.

4. The letters in squares 9 and 15 are not the same.

5. The letters in squares 14 and 38 are not the same.

6. The letters in squares 25 and 47 are not the same.

7. The letters in squares 34 and 43 are not the same.

No 395

1	2	3 B	4	5	6	7
8	9	10	11	12	13 E	14
15 F	16	17	18	19	20	21
22	23 C	24	25	26	27	28
29	30	31	32	33 G	34	35
36	37	38	39	40	41	42 C
43	44	45	46 A	47	48	49

1. The letter in square 2 is the same as that in square 27.

2. The letter in square 4 is the same as that in square 41.

3. The letter in square 8 is the same as that in square 17.

4. The letter in square 9 is the same as that in square 47.

5. The letters in squares 7 and 24 are not the same.

Kakro

The object of this puzzle is to place a number in every blank square, so that the numbers in each row or column add up to the 'clue' total shown at the beginning of that row or column. Only the digits 1 to 9 may be used (zero is not allowed) and no digit may be used more than once per 'clue' total.

For example, the top left-hand corner of the first puzzle (overleaf) looks like this:

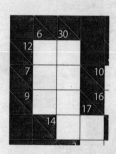

The three digits making a total of '6' as shown in the first 'down' clue must be 1, 2 and 3. The first 'across' clue gives a total of '12', so the number in the top left square must be 3 – otherwise the second number making a total of '12' is either 10 or 11 which, since these numbers consist of two digits, isn't possible; and the second number is thus 9. And so you can continue.

No 396

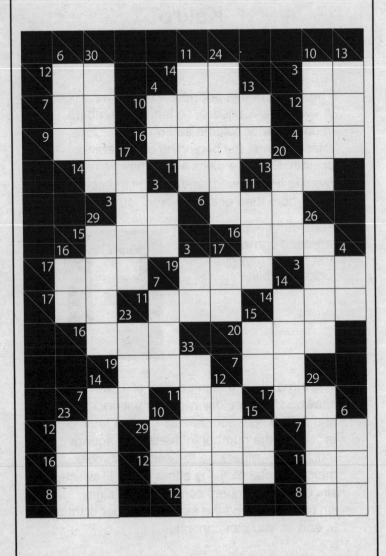

No 397

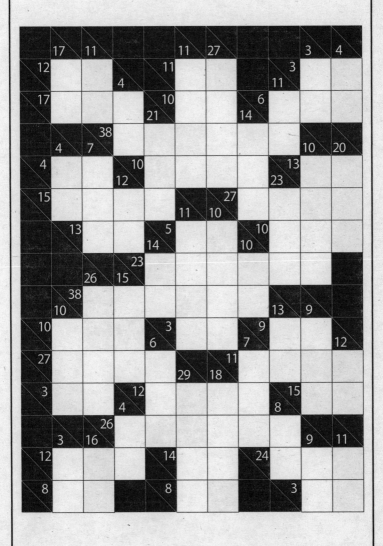

No 398

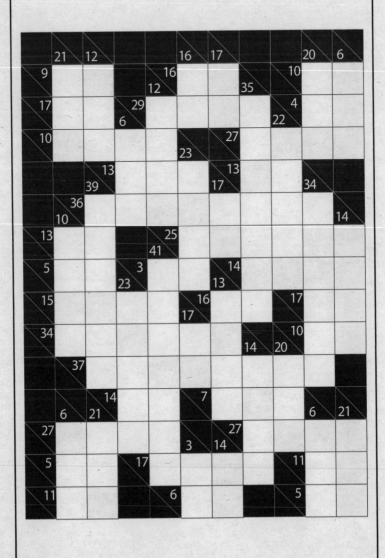

No 399

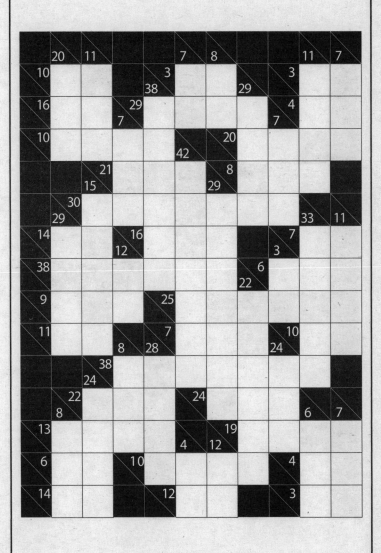

No 401

No 402

No 403

No 404

No 405

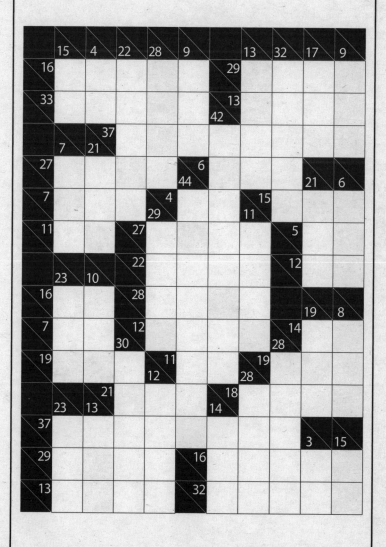

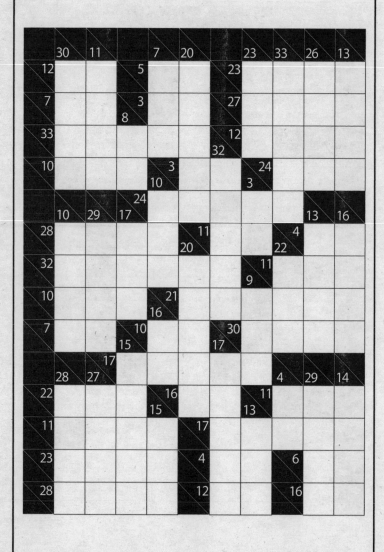

Super Sudoku

These puzzles are very hard to solve and will challenge even the most expert solvers.

The use of a pencil and eraser is strongly advised! The blank worksheets on page 406 will almost certainly be necessary.

			9				8	
		2						
7		4		1				
					8		3	
		1		2		4		
	6		5					
				4		7		2
						6		
	5				3			

No 408

				1		8		2
								7
	6				9			
	4		6					
2				7				1
					5		3	
			4				5	
3								
8		7		2				

No 409

2								
			4			3		
7	8			6				
		1	3					
6				8				7
					9	5		
				7			4	2
		9			5			
								8

No 410

2		9		4				
					8		5	
3								
	6				5			
4				9				2
			7				1	
								9
	7		1					
				2		8		3

No 411

		7	2					
								6
				1			5	8
		9			4			
8				5				1
			7			3		
6	2			8				
5								
					9	4		

No 412

2								
7		4		5				
			1				9	
					9		3	
5				2				7
	6		8					
	8				3			
				7		2		4
								6

Blank Worksheets

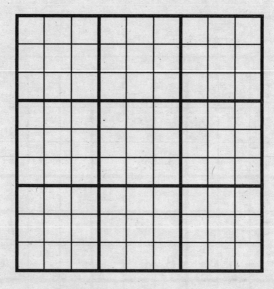

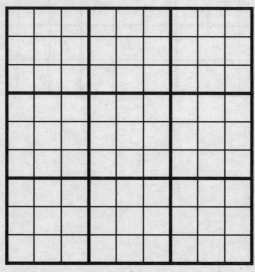

Solutions

Solutions

No 1

4	2	1	3
3	1	4	2
2	4	3	1
1	3	2	4

No 2

4	1	2	3
3	2	1	4
1	4	3	2
2	3	4	1

No 3

2	3	1	4
1	4	3	2
3	2	4	1
4	1	2	3

No 4

R	A	M	W
M	W	A	R
W	M	R	A
A	R	W	M

No 5

3	1	4	2
2	4	3	1
1	3	2	4
4	2	1	3

No 6

No 7

1	2	4	3
4	3	2	1
2	1	3	4
3	4	1	2

No 8

1	2	4	3
3	4	1	2
4	3	2	1
2	1	3	4

No 9

4	2	3	1
3	1	2	4
2	4	1	3
1	3	4	2

No 10

2	4	3	1
3	1	2	4
4	2	1	3
1	3	4	2

No 11

3	4	1	2
2	1	4	3
1	3	2	4
4	2	3	1

No 12

A	L	G	D
G	D	L	A
D	G	A	L
L	A	D	G

No 13

3	1	2	4
2	4	1	3
4	2	3	1
1	3	4	2

No 14

4	3	2	1
1	2	3	4
3	1	4	2
2	4	1	3

No 15

2	4	1	3
3	1	4	2
1	2	3	4
4	3	2	1

No 16

No 17

3	2	4	1
4	1	2	3
1	4	3	2
2	3	1	4

No 18

1	2	3	4
3	4	1	2
2	3	4	1
4	1	2	3

Solutions

No 19

5	2	4	1	6	3
6	1	3	2	5	4
4	6	5	3	2	1
2	3	1	6	4	5
3	4	6	5	1	2
1	5	2	4	3	6

No 20

No 21

3	2	1	6	5	4
4	5	6	1	2	3
5	3	4	2	1	6
6	1	2	3	4	5
1	4	3	5	6	2
2	6	5	4	3	1

No 22

4	3	2	1	5	6
1	5	6	2	3	4
3	4	1	6	2	5
6	2	5	4	1	3
2	6	3	5	4	1
5	1	4	3	6	2

No 23

2	3	1	6	5	4
5	6	4	3	2	1
3	4	2	1	6	5
1	5	6	4	3	2
4	2	3	5	1	6
6	1	5	2	4	3

No 24

R	G	S	I	P	N
I	N	P	S	G	R
N	S	G	R	I	P
P	R	I	N	S	G
S	P	R	G	N	I
G	I	N	P	R	S

No 25

3	5	2	4	1	6
1	4	6	3	5	2
6	3	4	1	2	5
2	1	5	6	4	3
5	6	1	2	3	4
4	2	3	5	6	1

No 26

5	3	6	2	1	4
2	1	4	3	5	6
3	2	5	6	4	1
4	6	1	5	2	3
6	4	2	1	3	5
1	5	3	4	6	2

No 27

6	1	2	3	5	4
5	4	3	6	2	1
1	2	5	4	3	6
3	6	4	2	1	5
2	5	6	1	4	3
4	3	1	5	6	2

No 28

1	2	4	3	5	6
6	3	5	4	1	2
5	4	2	1	6	3
3	6	1	5	2	4
2	5	3	6	4	1
4	1	6	2	3	5

No 29

1	3	4	2	5	6
6	5	2	4	1	3
3	4	5	6	2	1
2	6	1	5	3	4
4	2	3	1	6	5
5	1	6	3	4	2

No 30

Solutions

No 31

6	3	5	1	2	4
4	1	2	6	3	5
5	6	1	3	4	2
2	4	3	5	1	6
3	2	6	4	5	1
1	5	4	2	6	3

No 32

I	E	T	N	R	W
W	N	R	T	E	I
R	T	W	E	I	N
N	I	E	R	W	T
T	R	I	W	N	E
E	W	N	I	T	R

No 33

1	6	3	2	4	5
2	5	4	1	3	6
5	4	1	3	6	2
6	3	2	4	5	1
4	2	5	6	1	3
3	1	6	5	2	4

No 34

3	5	1	6	4	2
6	2	4	5	3	1
1	4	3	2	5	6
5	6	2	4	1	3
2	1	5	3	6	4
4	3	6	1	2	5

No 35

6	5	3	2	4	1
2	4	1	3	5	6
4	6	5	1	2	3
1	3	2	4	6	5
3	2	6	5	1	4
5	1	4	6	3	2

No 36

6	2	5	4	1	3
1	3	4	2	6	5
3	4	6	5	2	1
2	5	1	6	3	4
4	6	3	1	5	2
5	1	2	3	4	6

No 37

1	4	5	6	3	2
6	2	3	5	1	4
4	1	2	3	5	6
5	3	6	2	4	1
3	6	4	1	2	5
2	5	1	4	6	3

No 38

M	E	R	N	U	B
B	U	N	E	R	M
E	N	M	R	B	U
U	R	B	M	N	E
R	M	U	B	E	N
N	B	E	U	M	R

No 39

3	4	2	1	5	6
5	6	1	2	4	3
2	5	6	3	1	4
4	1	3	6	2	5
6	2	4	5	3	1
1	3	5	4	6	2

No 40

5	4	3	6	2	1
2	6	1	3	4	5
4	5	2	1	6	3
3	1	6	2	5	4
1	2	5	4	3	6
6	3	4	5	1	2

No 41

4	2	3	5	6	1
6	5	1	4	3	2
2	1	5	6	4	3
3	6	4	1	2	5
5	4	2	3	1	6
1	3	6	2	5	4

No 42

3	1	4	6	2	5
2	5	6	1	3	4
5	4	3	2	6	1
1	6	2	5	4	3
6	3	1	4	5	2
4	2	5	3	1	6

Clear Lake, Iowa

Enjoy one of Clear Lake's beautiful summer sunsets. Clear Lake is the third largest natural lake in Iowa, spanning 3,685 acres and measuring 7 miles long by 2 1/2 miles wide.

Photo © Gary & Nancy Lichty, Clear Lake

Clear Lake, Iowa

Solutions

No 43

3	6	5	2	1	4
1	4	2	6	3	5
6	2	3	4	5	1
4	5	1	3	2	6
5	3	6	1	4	2
2	1	4	5	6	3

No 44

▲	●	★	■	◆	✚
◆	■	✚	★	●	▲
■	★	▲	●	✚	◆
●	✚	◆	▲	★	■
✚	▲	●	◆	■	★
★	◆	■	✚	▲	●

No 45

6	1	3	2	5	4
2	5	4	3	6	1
3	6	1	4	2	5
4	2	5	1	3	6
1	3	6	5	4	2
5	4	2	6	1	3

No 46

1	3	2	6	5	4
4	5	6	2	3	1
3	6	5	4	1	2
2	4	1	5	6	3
5	1	4	3	2	6
6	2	3	1	4	5

No 47

3	1	5	4	2	6
6	4	2	1	5	3
4	6	1	5	3	2
5	2	3	6	1	4
2	5	6	3	4	1
1	3	4	2	6	5

No 48

6	5	1	3	4	2
3	4	2	6	1	5
5	6	3	1	2	4
2	1	4	5	3	6
1	2	6	4	5	3
4	3	5	2	6	1

No 49

5	2	6	4	3	1
1	3	4	6	5	2
4	1	5	2	6	3
2	6	3	5	1	4
3	5	2	1	4	6
6	4	1	3	2	5

No 50

2	6	3	5	1	4
5	1	4	2	3	6
4	5	6	3	2	1
3	2	1	4	6	5
6	3	5	1	4	2
1	4	2	6	5	3

No 51

6	2	1	4	3	5
5	3	4	6	1	2
1	4	2	5	6	3
3	5	6	1	2	4
4	6	3	2	5	1
2	1	5	3	4	6

No 52

L	S	V	O	D	E
E	D	O	S	L	V
S	V	L	D	E	O
D	O	E	V	S	L
V	L	D	E	O	S
O	E	S	L	V	D

No 53

1	5	3	4	6	2
2	6	4	1	3	5
3	1	6	2	5	4
5	4	2	3	1	6
6	2	1	5	4	3
4	3	5	6	2	1

No 54

2	4	3	6	5	1
5	1	6	4	3	2
6	3	5	2	1	4
4	2	1	3	6	5
3	5	2	1	4	6
1	6	4	5	2	3

Solutions

No 55

5	6	3	4	1	2
4	2	1	6	3	5
2	3	6	5	4	1
1	4	5	2	6	3
3	5	4	1	2	6
6	1	2	3	5	4

No 56

2	1	3	4	5	6
4	5	6	3	2	1
1	4	5	6	3	2
3	6	2	1	4	5
6	2	4	5	1	3
5	3	1	2	6	4

No 57

6	4	5	2	1	3
1	2	3	4	5	6
3	1	4	6	2	5
2	5	6	1	3	4
5	6	2	3	4	1
4	3	1	5	6	2

No 58

◆	★	●	✚	▲	■
▲	✚	■	★	●	◆
★	▲	◆	●	■	✚
●	■	✚	◆	★	▲
■	◆	★	▲	✚	●
✚	●	▲	■	◆	★

No 59

3	4	6	5	1	2
2	1	5	6	3	4
4	5	3	1	2	6
1	6	2	3	4	5
6	2	1	4	5	3
5	3	4	2	6	1

No 60

2	6	4	3	5	1
5	3	1	4	6	2
1	4	3	6	2	5
6	5	2	1	4	3
4	1	5	2	3	6
3	2	6	5	1	4

No 61

7	2	9	1	5	4	6	3	8
3	4	6	9	8	7	1	5	2
5	8	1	2	3	6	7	4	9
4	6	3	5	2	8	9	1	7
1	7	2	4	9	3	5	8	6
8	9	5	7	6	1	3	2	4
2	3	4	6	1	9	8	7	5
9	1	7	8	4	5	2	6	3
6	5	8	3	7	2	4	9	1

No 62

9	8	5	1	4	3	2	6	7
4	3	7	6	8	2	5	1	9
6	2	1	5	9	7	4	8	3
2	4	6	7	3	9	1	5	8
1	5	3	8	6	4	9	7	2
7	9	8	2	5	1	3	4	6
8	6	4	9	2	5	7	3	1
5	7	9	3	1	6	8	2	4
3	1	2	4	7	8	6	9	5

Solutions

No 63

1	9	4	5	7	6	2	3	8
8	7	6	3	9	2	5	1	4
3	2	5	1	8	4	6	7	9
7	5	1	6	3	9	4	8	2
9	6	2	8	4	7	3	5	1
4	8	3	2	5	1	9	6	7
2	1	8	4	6	5	7	9	3
5	4	9	7	1	3	8	2	6
6	3	7	9	2	8	1	4	5

No 64

T	U	G	C	O	M	P	N	I
N	P	C	T	I	G	M	U	O
O	I	M	N	U	P	C	T	G
U	G	P	M	T	I	N	O	C
C	N	T	U	P	O	G	I	M
M	O	I	G	C	N	T	P	U
I	T	O	P	M	C	U	G	N
G	M	U	O	N	T	I	C	P
P	C	N	I	G	U	O	M	T

No 65

8	2	7	1	5	9	6	3	4
9	3	4	6	7	8	5	1	2
1	6	5	2	3	4	8	7	9
5	1	6	7	2	3	4	9	8
3	8	2	4	9	6	7	5	1
7	4	9	8	1	5	3	2	6
2	9	8	5	4	7	1	6	3
4	5	1	3	6	2	9	8	7
6	7	3	9	8	1	2	4	5

No 66

7	9	5	1	3	4	8	2	6
1	8	4	7	2	6	3	5	9
6	2	3	9	8	5	7	4	1
8	5	9	6	1	3	2	7	4
3	4	1	5	7	2	6	9	8
2	7	6	4	9	8	5	1	3
4	3	7	8	5	9	1	6	2
9	1	8	2	6	7	4	3	5
5	6	2	3	4	1	9	8	7

No 67

1	7	6	3	9	8	4	5	2
8	3	4	7	5	2	9	6	1
2	9	5	1	6	4	7	8	3
3	8	1	6	7	9	2	4	5
6	2	9	4	3	5	8	1	7
5	4	7	8	2	1	3	9	6
4	1	3	5	8	7	6	2	9
9	6	8	2	1	3	5	7	4
7	5	2	9	4	6	1	3	8

No 68

3	1	5	7	6	2	9	8	4
2	9	4	5	3	8	7	6	1
6	7	8	9	4	1	2	5	3
7	8	3	1	5	6	4	2	9
5	6	9	2	7	4	1	3	8
1	4	2	3	8	9	6	7	5
8	3	1	4	2	7	5	9	6
9	5	7	6	1	3	8	4	2
4	2	6	8	9	5	3	1	7

Solutions

No 69

4	6	8	5	7	1	9	2	3
1	3	9	4	8	2	7	5	6
5	7	2	3	9	6	1	4	8
8	1	4	2	3	7	5	6	9
2	9	6	1	5	8	3	7	4
7	5	3	9	6	4	2	8	1
6	8	1	7	2	9	4	3	5
3	4	7	8	1	5	6	9	2
9	2	5	6	4	3	8	1	7

No 70

No 71

7	9	6	5	8	2	4	3	1
2	5	1	3	7	4	6	8	9
3	8	4	6	9	1	7	5	2
5	4	7	1	3	8	2	9	6
8	1	9	4	2	6	3	7	5
6	2	3	7	5	9	1	4	8
1	7	2	8	4	5	9	6	3
4	6	8	9	1	3	5	2	7
9	3	5	2	6	7	8	1	4

No 72

4	2	5	3	6	1	7	9	8
1	6	8	7	4	9	2	5	3
9	7	3	8	5	2	1	4	6
3	1	4	2	8	7	5	6	9
6	8	9	5	1	3	4	7	2
2	5	7	6	9	4	8	3	1
8	9	2	4	3	5	6	1	7
5	3	6	1	7	8	9	2	4
7	4	1	9	2	6	3	8	5

No 73

7	4	3	9	1	2	8	5	6
8	5	2	6	4	7	3	1	9
9	6	1	5	3	8	7	4	2
4	2	6	3	8	5	9	7	1
1	7	9	4	2	6	5	8	3
3	8	5	7	9	1	6	2	4
2	9	8	1	5	3	4	6	7
6	1	4	8	7	9	2	3	5
5	3	7	2	6	4	1	9	8

No 74

7	9	6	1	5	4	2	3	8
1	5	2	6	3	8	7	9	4
8	4	3	7	2	9	1	5	6
2	7	9	3	8	1	4	6	5
3	1	8	4	6	5	9	7	2
5	6	4	9	7	2	8	1	3
6	8	7	2	9	3	5	4	1
9	2	1	5	4	6	3	8	7
4	3	5	8	1	7	6	2	9

Solutions

No 75

O	G	N	R	B	E	H	I	U
B	I	U	G	N	H	O	R	E
H	R	E	I	U	O	G	B	N
G	E	O	U	I	R	B	N	H
I	H	R	N	E	B	U	G	O
N	U	B	O	H	G	I	E	R
U	B	H	E	R	I	N	O	G
R	O	I	H	G	N	E	U	B
E	N	G	B	O	U	R	H	I

No 76

4	7	1	6	3	2	8	9	5
2	8	3	9	5	4	6	7	1
6	5	9	7	1	8	4	3	2
7	4	8	2	6	5	9	1	3
9	1	5	3	4	7	2	6	8
3	2	6	8	9	1	7	5	4
1	6	7	4	2	3	5	8	9
8	3	4	5	7	9	1	2	6
5	9	2	1	8	6	3	4	7

No 77

4	7	9	5	2	3	6	1	8
2	3	1	8	4	6	9	5	7
5	8	6	7	9	1	2	3	4
6	4	8	2	3	7	5	9	1
3	2	7	1	5	9	8	4	6
1	9	5	6	8	4	7	2	3
9	1	2	3	7	8	4	6	5
8	5	3	4	6	2	1	7	9
7	6	4	9	1	5	3	8	2

No 78

9	7	8	6	3	5	2	4	1
6	2	1	4	9	8	5	3	7
5	3	4	7	2	1	6	9	8
3	1	6	2	5	4	7	8	9
8	5	2	9	1	7	3	6	4
7	4	9	8	6	3	1	5	2
2	9	7	5	8	6	4	1	3
4	6	3	1	7	9	8	2	5
1	8	5	3	4	2	9	7	6

No 79

3	4	7	2	6	8	1	5	9
8	6	9	1	5	4	7	3	2
2	5	1	3	9	7	6	8	4
4	1	6	7	8	5	2	9	3
5	9	3	4	1	2	8	6	7
7	2	8	6	3	9	5	4	1
6	3	4	8	2	1	9	7	5
9	8	2	5	7	3	4	1	6
1	7	5	9	4	6	3	2	8

No 80

3	5	4	9	7	1	2	6	8
2	7	1	6	4	8	9	3	5
9	6	8	5	2	3	7	4	1
1	8	2	3	9	4	6	5	7
4	3	5	7	8	6	1	9	2
7	9	6	1	5	2	3	8	4
5	1	9	8	6	7	4	2	3
8	4	3	2	1	9	5	7	6
6	2	7	4	3	5	8	1	9

Solutions

No 81

◆	✚	▼	✳	◗	▲	●	★	■
▲	◗	★	✚	■	●	▼	◆	✳
■	✳	●	◆	★	▼	▲	✚	◗
✚	■	✳	★	●	◆	◗	▲	▼
★	▲	◗	▼	✚	✳	◆	■	●
▼	●	◆	◗	▲	■	★	✳	✚
●	◆	✚	▲	✳	◗	■	▼	★
◗	★	▲	■	▼	✚	✳	●	◆
✳	▼	■	●	◆	★	✚	◗	▲

No 82

6	4	9	2	1	3	5	7	8
3	7	8	4	5	6	1	9	2
1	5	2	9	8	7	6	3	4
8	1	4	3	2	9	7	6	5
5	2	3	7	6	8	9	4	1
7	9	6	1	4	5	8	2	3
4	3	5	6	7	1	2	8	9
9	6	1	8	3	2	4	5	7
2	8	7	5	9	4	3	1	6

No 83

4	3	6	1	2	7	5	9	8
2	7	8	5	6	9	3	4	1
9	1	5	4	8	3	6	2	7
7	5	9	8	1	2	4	6	3
8	2	3	6	7	4	9	1	5
1	6	4	9	3	5	7	8	2
3	8	7	2	9	6	1	5	4
6	4	1	7	5	8	2	3	9
5	9	2	3	4	1	8	7	6

No 84

9	8	2	4	3	7	1	6	5
6	4	1	9	8	5	2	3	7
3	5	7	6	1	2	9	8	4
8	9	6	2	4	1	5	7	3
4	7	3	8	5	9	6	2	1
2	1	5	7	6	3	4	9	8
1	2	9	5	7	8	3	4	6
5	6	8	3	2	4	7	1	9
7	3	4	1	9	6	8	5	2

No 85

2	1	8	6	3	5	4	7	9
6	9	5	7	1	4	2	3	8
3	4	7	2	8	9	5	6	1
7	2	9	3	5	8	1	4	6
1	6	3	4	9	7	8	2	5
5	8	4	1	2	6	3	9	7
8	5	6	9	4	3	7	1	2
9	3	1	8	7	2	6	5	4
4	7	2	5	6	1	9	8	3

No 86

O	T	N	A	P	I	G	R	E
G	A	I	R	O	E	T	N	P
R	E	P	G	T	N	O	A	I
N	G	E	T	A	P	I	O	R
I	P	O	E	G	R	A	T	N
T	R	A	I	N	O	E	P	G
A	I	T	P	R	G	N	E	O
P	O	G	N	E	T	R	I	A
E	N	R	O	I	A	P	G	T

Solutions

No 87

4	2	5	6	7	9	3	1	8
6	1	3	8	2	4	9	5	7
7	9	8	3	1	5	4	6	2
2	4	7	5	6	3	8	9	1
5	6	9	2	8	1	7	4	3
8	3	1	9	4	7	6	2	5
1	7	6	4	3	2	5	8	9
9	8	2	7	5	6	1	3	4
3	5	4	1	9	8	2	7	6

No 88

3	1	8	5	7	6	9	4	2
2	9	6	4	3	1	8	5	7
4	5	7	2	8	9	1	6	3
9	8	2	1	5	7	4	3	6
1	7	5	3	6	4	2	8	9
6	3	4	8	9	2	5	7	1
5	6	9	7	2	8	3	1	4
7	4	3	9	1	5	6	2	8
8	2	1	6	4	3	7	9	5

No 89

5	7	9	1	3	8	6	2	4
3	6	2	4	7	5	1	8	9
1	4	8	6	2	9	7	3	5
4	8	5	2	1	3	9	7	6
6	9	3	5	8	7	2	4	1
2	1	7	9	6	4	3	5	8
7	5	6	3	4	1	8	9	2
9	3	1	8	5	2	4	6	7
8	2	4	7	9	6	5	1	3

No 90

9	2	3	8	4	6	1	7	5
6	7	5	1	2	9	8	3	4
1	8	4	3	5	7	6	9	2
4	3	1	5	6	8	9	2	7
5	9	8	7	3	2	4	1	6
2	6	7	4	9	1	3	5	8
8	1	6	2	7	3	5	4	9
3	4	2	9	8	5	7	6	1
7	5	9	6	1	4	2	8	3

No 91

7	4	3	8	6	2	9	5	1
5	6	1	9	7	4	3	8	2
9	2	8	3	5	1	7	4	6
8	5	2	4	1	9	6	3	7
4	7	9	5	3	6	2	1	8
1	3	6	2	8	7	4	9	5
3	1	4	7	2	5	8	6	9
6	8	7	1	9	3	5	2	4
2	9	5	6	4	8	1	7	3

No 92

7	3	1	5	8	9	4	6	2
9	4	2	7	3	6	5	1	8
8	5	6	1	4	2	7	3	9
6	2	4	9	1	8	3	7	5
5	9	8	3	6	7	1	2	4
1	7	3	2	5	4	9	8	6
3	6	9	8	7	5	2	4	1
2	8	7	4	9	1	6	5	3
4	1	5	6	2	3	8	9	7

Solutions

No 93

6	1	2	9	7	4	3	8	5
9	3	4	8	5	2	1	7	6
7	5	8	6	1	3	2	9	4
5	4	9	3	8	6	7	1	2
1	6	3	7	2	5	9	4	8
2	8	7	1	4	9	6	5	3
4	7	1	2	3	8	5	6	9
8	2	6	5	9	1	4	3	7
3	9	5	4	6	7	8	2	1

No 94

3	5	9	8	2	1	7	6	4
2	8	7	6	4	5	3	1	9
6	4	1	9	7	3	8	2	5
4	6	5	2	1	7	9	3	8
7	9	2	3	5	8	1	4	6
1	3	8	4	6	9	5	7	2
9	1	6	5	3	4	2	8	7
8	2	3	7	9	6	4	5	1
5	7	4	1	8	2	6	9	3

No 95

2	5	7	9	1	3	6	8	4
9	6	4	7	2	8	3	1	5
8	3	1	5	4	6	2	9	7
6	9	8	3	5	4	7	2	1
5	1	3	2	8	7	9	4	6
4	7	2	1	6	9	5	3	8
7	4	5	8	9	2	1	6	3
3	2	6	4	7	1	8	5	9
1	8	9	6	3	5	4	7	2

No 96

1	7	8	6	3	9	2	5	4
6	5	3	8	4	2	1	9	7
4	2	9	7	5	1	3	8	6
5	4	7	2	6	8	9	3	1
9	1	2	3	7	4	5	6	8
3	8	6	9	1	5	7	4	2
7	9	4	5	2	6	8	1	3
2	6	5	1	8	3	4	7	9
8	3	1	4	9	7	6	2	5

No 97

E	O	L	T	Y	V	G	N	I
I	G	N	E	O	L	T	V	Y
T	Y	V	I	N	G	O	E	L
G	E	I	O	L	Y	V	T	N
O	N	T	V	G	I	L	Y	E
L	V	Y	N	T	E	I	O	G
Y	T	G	L	V	N	E	I	O
N	I	O	G	E	T	Y	L	V
V	L	E	Y	I	O	N	G	T

No 98

2	5	8	3	4	1	7	9	6
7	3	9	6	2	8	5	4	1
4	1	6	5	7	9	2	3	8
5	9	7	8	3	4	6	1	2
8	6	3	7	1	2	9	5	4
1	2	4	9	5	6	8	7	3
3	8	5	4	6	7	1	2	9
6	4	1	2	9	5	3	8	7
9	7	2	1	8	3	4	6	5

Solutions

No 99

6	5	3	7	4	9	1	8	2
1	9	7	5	2	8	4	6	3
2	8	4	3	1	6	9	5	7
4	3	9	6	5	7	2	1	8
8	6	1	4	9	2	7	3	5
5	7	2	8	3	1	6	9	4
9	1	5	2	7	3	8	4	6
3	2	8	1	6	4	5	7	9
7	4	6	9	8	5	3	2	1

No 100

3	9	1	4	8	5	6	2	7
2	8	4	1	6	7	9	5	3
5	7	6	2	3	9	1	4	8
9	3	7	6	5	1	2	8	4
4	5	8	9	2	3	7	6	1
6	1	2	8	7	4	5	3	9
7	2	3	5	1	8	4	9	6
1	6	9	3	4	2	8	7	5
8	4	5	7	9	6	3	1	2

No 101

9	2	8	1	5	4	3	6	7
7	3	6	9	2	8	1	4	5
1	5	4	7	6	3	2	9	8
8	4	5	6	1	9	7	2	3
2	6	1	4	3	7	8	5	9
3	9	7	2	8	5	4	1	6
5	1	3	8	4	6	9	7	2
6	7	2	3	9	1	5	8	4
4	8	9	5	7	2	6	3	1

No 102

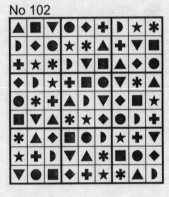

No 103

8	1	6	9	7	4	2	5	3
2	3	9	5	6	1	8	7	4
7	4	5	3	8	2	1	9	6
5	9	1	6	2	8	4	3	7
3	8	4	7	1	5	6	2	9
6	7	2	4	9	3	5	8	1
4	2	8	1	3	9	7	6	5
9	5	7	2	4	6	3	1	8
1	6	3	8	5	7	9	4	2

No 104

4	2	8	9	7	6	1	5	3
9	5	6	1	8	3	2	4	7
3	7	1	2	4	5	9	6	8
8	1	9	6	2	7	4	3	5
2	4	5	8	3	1	7	9	6
7	6	3	5	9	4	8	2	1
6	8	4	7	5	2	3	1	9
1	9	2	3	6	8	5	7	4
5	3	7	4	1	9	6	8	2

Solutions

No 105

6	9	5	1	7	4	2	3	8
7	4	8	2	5	3	9	6	1
3	1	2	6	8	9	5	7	4
4	2	3	8	1	7	6	5	9
8	7	9	5	4	6	3	1	2
1	5	6	3	9	2	4	8	7
9	8	4	7	3	5	1	2	6
5	6	1	4	2	8	7	9	3
2	3	7	9	6	1	8	4	5

No 106

2	4	1	8	3	7	5	9	6
6	5	7	2	9	4	8	3	1
3	9	8	1	6	5	4	7	2
5	8	3	9	4	2	6	1	7
4	2	9	6	7	1	3	8	5
7	1	6	5	8	3	9	2	4
9	7	2	4	5	8	1	6	3
1	6	5	3	2	9	7	4	8
8	3	4	7	1	6	2	5	9

No 107

2	5	6	7	4	3	1	8	9
3	8	1	6	9	5	7	4	2
4	7	9	1	8	2	6	3	5
8	2	3	5	1	9	4	6	7
7	9	4	3	2	6	5	1	8
1	6	5	8	7	4	9	2	3
9	4	7	2	6	8	3	5	1
5	1	2	4	3	7	8	9	6
6	3	8	9	5	1	2	7	4

No 108

3	9	4	2	7	8	6	1	5
1	7	2	5	4	6	3	9	8
6	5	8	9	3	1	4	7	2
4	1	9	3	6	5	2	8	7
7	6	5	4	8	2	9	3	1
2	8	3	7	1	9	5	4	6
5	2	7	1	9	3	8	6	4
8	3	1	6	5	4	7	2	9
9	4	6	8	2	7	1	5	3

No 109

8	2	5	3	6	4	1	7	9
1	7	4	2	9	8	6	3	5
6	9	3	7	1	5	8	2	4
2	8	7	5	4	3	9	1	6
5	3	1	6	8	9	2	4	7
4	6	9	1	7	2	5	8	3
3	5	6	8	2	7	4	9	1
7	4	2	9	5	1	3	6	8
9	1	8	4	3	6	7	5	2

No 110

7	6	5	1	2	8	3	4	9
1	9	8	5	4	3	6	2	7
4	3	2	7	9	6	1	5	8
6	2	3	8	5	9	4	7	1
8	1	9	4	6	7	2	3	5
5	7	4	3	1	2	9	8	6
9	8	6	2	3	5	7	1	4
2	4	7	9	8	1	5	6	3
3	5	1	6	7	4	8	9	2

Solutions

No 111

7	9	2	5	8	4	6	1	3
3	8	6	9	1	2	5	4	7
4	5	1	7	6	3	9	8	2
5	6	7	3	9	1	8	2	4
2	1	3	8	4	6	7	5	9
9	4	8	2	7	5	3	6	1
6	3	9	1	2	8	4	7	5
1	7	4	6	5	9	2	3	8
8	2	5	4	3	7	1	9	6

No 112

C	T	R	O	A	W	P	H	K
A	W	P	K	H	T	C	O	R
O	H	K	C	R	P	A	W	T
W	R	H	P	C	O	T	K	A
T	P	C	W	K	A	O	R	H
K	A	O	R	T	H	W	C	P
R	O	W	A	P	K	H	T	C
P	K	T	H	O	C	R	A	W
H	C	A	T	W	R	K	P	O

No 113

6	9	3	2	5	4	7	1	8
7	8	5	6	1	9	2	4	3
1	2	4	7	3	8	6	5	9
4	1	9	8	6	3	5	7	2
3	5	7	1	4	2	8	9	6
2	6	8	9	7	5	4	3	1
9	3	6	5	2	7	1	8	4
8	7	1	4	9	6	3	2	5
5	4	2	3	8	1	9	6	7

No 114

1	3	8	9	6	2	5	7	4
5	7	9	3	1	4	6	8	2
2	6	4	7	5	8	3	1	9
4	1	7	8	3	5	9	2	6
8	9	2	6	4	7	1	5	3
6	5	3	2	9	1	8	4	7
3	8	1	4	2	6	7	9	5
9	2	5	1	7	3	4	6	8
7	4	6	5	8	9	2	3	1

No 115

6	1	2	7	3	9	4	8	5
4	8	3	1	2	5	7	6	9
9	5	7	4	6	8	3	1	2
7	6	8	5	4	3	2	9	1
3	2	5	8	9	1	6	4	7
1	4	9	6	7	2	8	5	3
8	3	1	2	5	4	9	7	6
5	9	6	3	8	7	1	2	4
2	7	4	9	1	6	5	3	8

No 116

4	6	7	3	5	9	2	8	1
1	8	3	2	4	7	6	9	5
5	2	9	8	1	6	3	7	4
6	7	2	4	8	1	5	3	9
9	4	1	5	6	3	7	2	8
3	5	8	9	7	2	4	1	6
7	9	4	6	3	8	1	5	2
8	3	5	1	2	4	9	6	7
2	1	6	7	9	5	8	4	3

Solutions

No 117

■	✳	◆	●	✚	☽	▲	★	▼
▲	●	▼	★	◆	■	✳	☽	✚
☽	✚	★	▼	▲	✳	●	■	◆
★	☽	✳	✚	■	●	◆	▼	▲
●	◆	■	▲	✳	▼	★	✚	☽
▼	▲	✚	☽	★	◆	■	●	✳
✳	★	●	◆	▼	✚	☽	▲	■
✚	■	☽	✳	●	▲	▼	◆	★
◆	▼	▲	■	☽	★	✚	✳	●

No 118

7	9	1	8	6	4	2	5	3
5	6	4	1	3	2	8	7	9
2	8	3	5	9	7	1	4	6
1	7	6	4	8	5	9	3	2
3	4	8	6	2	9	5	1	7
9	5	2	7	1	3	4	6	8
6	1	7	9	4	8	3	2	5
8	3	5	2	7	1	6	9	4
4	2	9	3	5	6	7	8	1

No 119

9	1	8	4	5	7	2	3	6
4	5	2	6	1	3	9	8	7
7	6	3	9	2	8	1	5	4
3	2	9	8	7	6	5	4	1
6	4	1	5	9	2	8	7	3
8	7	5	1	3	4	6	2	9
2	8	6	7	4	9	3	1	5
1	9	7	3	8	5	4	6	2
5	3	4	2	6	1	7	9	8

No 120

6	9	7	2	4	1	8	3	5
3	1	4	7	5	8	9	6	2
8	5	2	9	3	6	1	4	7
7	8	3	1	2	9	4	5	6
5	2	6	4	8	7	3	9	1
1	4	9	5	6	3	2	7	8
4	7	5	8	9	2	6	1	3
9	3	8	6	1	5	7	2	4
2	6	1	3	7	4	5	8	9

No 121

4	6	2	7	3	5	1	8	9
1	7	8	6	9	4	3	2	5
5	9	3	2	8	1	6	7	4
9	2	7	8	1	3	4	5	6
6	3	5	4	7	2	9	1	8
8	1	4	9	5	6	7	3	2
7	8	1	5	6	9	2	4	3
3	4	9	1	2	8	5	6	7
2	5	6	3	4	7	8	9	1

No 122

9	1	4	7	8	3	6	2	5
5	3	6	9	2	4	8	7	1
7	2	8	1	5	6	9	4	3
1	5	9	3	6	7	2	8	4
2	6	3	8	4	5	1	9	7
4	8	7	2	9	1	5	3	6
6	7	2	4	1	8	3	5	9
3	9	5	6	7	2	4	1	8
8	4	1	5	3	9	7	6	2

Solutions

No 123

L	I	M	P	A	C	E	N	O
N	O	A	L	E	M	P	C	I
C	E	P	I	N	O	A	L	M
A	M	L	E	I	N	C	O	P
I	P	C	A	O	L	M	E	N
E	N	O	C	M	P	L	I	A
O	A	E	M	L	I	N	P	C
P	L	I	N	C	A	O	M	E
M	C	N	O	P	E	I	A	L

No 124

9	4	6	7	3	5	1	2	8
2	5	1	8	6	9	3	4	7
7	3	8	1	4	2	6	9	5
6	8	5	4	2	1	9	7	3
3	7	9	6	5	8	2	1	4
4	1	2	9	7	3	5	8	6
5	2	7	3	1	4	8	6	9
8	6	3	2	9	7	4	5	1
1	9	4	5	8	6	7	3	2

No 125

4	3	8	1	7	6	2	9	5
6	5	7	2	3	9	4	8	1
2	9	1	8	5	4	3	7	6
5	6	3	7	4	1	9	2	8
7	4	2	6	9	8	1	5	3
8	1	9	5	2	3	6	4	7
3	2	6	4	8	7	5	1	9
9	7	4	3	1	5	8	6	2
1	8	5	9	6	2	7	3	4

No 126

3	9	1	5	8	6	2	4	7
2	8	4	9	7	1	5	6	3
5	7	6	2	4	3	8	1	9
8	5	9	6	3	4	7	2	1
7	4	2	8	1	9	3	5	6
1	6	3	7	5	2	4	9	8
4	3	7	1	9	5	6	8	2
9	2	5	3	6	8	1	7	4
6	1	8	4	2	7	9	3	5

No 127

D	A	F	B	C	G	I	E	H
E	C	H	F	D	I	B	G	A
G	B	I	H	A	E	F	C	D
C	H	B	A	E	F	G	D	I
I	G	E	D	B	C	H	A	F
F	D	A	G	I	H	E	B	C
H	F	C	E	G	D	A	I	B
B	I	G	C	H	A	D	F	E
A	E	D	I	F	B	C	H	G

No 128

9	6	8	3	5	1	4	2	7
1	3	7	8	2	4	5	9	6
5	4	2	6	7	9	1	3	8
6	7	1	2	3	5	9	8	4
4	2	3	9	8	6	7	5	1
8	5	9	1	4	7	3	6	2
3	1	6	4	9	2	8	7	5
7	9	4	5	6	8	2	1	3
2	8	5	7	1	3	6	4	9

Solutions

No 129

I	E	B	H	C	A	F	G	D
F	D	G	I	B	E	C	H	A
H	C	A	F	D	G	E	B	I
A	G	D	B	F	H	I	C	E
C	B	F	G	E	I	A	D	H
E	H	I	C	A	D	G	F	B
G	A	H	D	I	C	B	E	F
D	F	E	A	G	B	H	I	C
B	I	C	E	H	F	D	A	G

No 130

6	7	4	3	9	5	2	8	1
8	9	5	1	2	4	6	7	3
2	1	3	8	6	7	9	5	4
3	8	2	6	4	1	7	9	5
1	5	6	7	8	9	4	3	2
7	4	9	2	5	3	1	6	8
4	3	1	9	7	8	5	2	6
5	6	7	4	3	2	8	1	9
9	2	8	5	1	6	3	4	7

No 131

A	G	D	F	I	C	E	B	H
E	I	H	D	B	G	A	F	C
F	B	C	E	H	A	I	G	D
G	D	E	H	A	I	F	C	B
H	F	I	C	E	B	G	D	A
B	C	A	G	F	D	H	E	I
D	H	G	A	C	F	B	I	E
C	A	B	I	G	E	D	H	F
I	E	F	B	D	H	C	A	G

No 132

3	6	7	4	1	5	8	9	2
2	4	8	9	6	3	1	5	7
5	1	9	2	8	7	3	6	4
9	7	1	3	5	6	2	4	8
6	2	5	1	4	8	9	7	3
4	8	3	7	9	2	5	1	6
7	3	4	5	2	1	6	8	9
1	9	6	8	3	4	7	2	5
8	5	2	6	7	9	4	3	1

No 133

A	H	F	G	I	D	C	E	B
E	D	C	B	F	A	G	I	H
I	B	G	E	C	H	A	F	D
H	E	B	I	G	C	F	D	A
G	C	A	D	B	F	I	H	E
D	F	I	H	A	E	B	G	C
B	I	D	C	H	G	E	A	F
F	G	H	A	E	B	D	C	I
C	A	E	F	D	I	H	B	G

No 134

1	5	7	9	6	3	2	4	8
4	9	2	5	8	7	3	1	6
3	8	6	2	1	4	5	7	9
2	6	5	4	3	8	1	9	7
8	4	1	7	9	5	6	3	2
7	3	9	6	2	1	8	5	4
5	7	3	8	4	2	9	6	1
9	1	8	3	7	6	4	2	5
6	2	4	1	5	9	7	8	3

Solutions

No 135

H	F	I	B	D	C	G	A	E
C	G	B	F	A	E	D	I	H
E	D	A	H	I	G	C	F	B
I	H	F	D	G	A	B	E	C
G	B	E	I	C	F	H	D	A
A	C	D	E	H	B	F	G	I
F	I	G	C	E	H	A	B	D
D	A	H	G	B	I	E	C	F
B	E	C	A	F	D	I	H	G

No 136

5	2	8	6	1	3	9	4	7
9	1	6	4	7	5	3	8	2
3	4	7	9	8	2	5	1	6
2	8	5	7	4	1	6	9	3
6	7	3	5	9	8	1	2	4
1	9	4	3	2	6	8	7	5
7	5	1	2	6	9	4	3	8
4	3	9	8	5	7	2	6	1
8	6	2	1	3	4	7	5	9

No 137

B	D	A	C	F	I	E	G	H
C	E	I	H	A	G	B	F	D
H	F	G	D	E	B	C	I	A
D	C	E	A	G	F	I	H	B
I	B	F	E	D	H	A	C	G
G	A	H	B	I	C	D	E	F
A	I	D	F	H	E	G	B	C
F	G	B	I	C	D	H	A	E
E	H	C	G	B	A	F	D	I

No 138

5	6	8	4	2	9	3	1	7
4	7	9	3	1	5	2	8	6
3	2	1	6	7	8	4	9	5
2	4	6	9	5	1	7	3	8
7	1	3	2	8	6	5	4	9
8	9	5	7	4	3	1	6	2
6	3	4	5	9	2	8	7	1
1	5	7	8	6	4	9	2	3
9	8	2	1	3	7	6	5	4

No 139

8	4	1	5	9	3	6	7	2
2	6	5	7	4	1	8	3	9
7	9	3	8	6	2	1	4	5
6	1	7	9	3	4	2	5	8
9	2	8	6	7	5	3	1	4
3	5	4	1	2	8	9	6	7
5	8	6	4	1	9	7	2	3
1	3	9	2	5	7	4	8	6
4	7	2	3	8	6	5	9	1

No 140

1	4	3	9	7	8	5	6	2
7	8	2	5	1	6	3	9	4
5	6	9	2	4	3	1	8	7
3	2	4	1	6	9	7	5	8
8	5	7	3	2	4	6	1	9
9	1	6	8	5	7	4	2	3
4	7	5	6	9	2	8	3	1
6	9	8	4	3	1	2	7	5
2	3	1	7	8	5	9	4	6

Solutions

No 141

8	9	3	1	2	6	4	5	7
6	1	4	9	7	5	3	8	2
7	5	2	4	8	3	6	1	9
1	4	6	8	3	9	7	2	5
2	7	5	6	1	4	9	3	8
9	3	8	7	5	2	1	4	6
5	6	1	3	9	8	2	7	4
3	2	9	5	4	7	8	6	1
4	8	7	2	6	1	5	9	3

No 142

I	L	A	E	M	D	P	S	C
C	S	E	A	P	I	D	M	L
D	P	M	S	L	C	E	I	A
L	C	D	M	I	E	A	P	S
P	A	I	C	S	L	M	D	E
M	E	S	P	D	A	C	L	I
E	M	P	L	A	S	I	C	D
A	D	L	I	C	M	S	E	P
S	I	C	D	E	P	L	A	M

No 143

7	3	2	1	9	6	5	4	8
9	5	1	2	4	8	6	3	7
4	6	8	7	3	5	9	2	1
2	7	4	3	5	1	8	9	6
5	8	9	4	6	7	3	1	2
6	1	3	9	8	2	4	7	5
8	4	7	6	2	9	1	5	3
3	2	5	8	1	4	7	6	9
1	9	6	5	7	3	2	8	4

No 144

4	1	3	9	2	8	7	5	6
7	5	6	4	1	3	8	9	2
2	8	9	7	5	6	3	1	4
8	2	5	1	6	9	4	3	7
9	4	7	8	3	2	1	6	5
6	3	1	5	4	7	2	8	9
5	7	4	3	9	1	6	2	8
3	6	8	2	7	5	9	4	1
1	9	2	6	8	4	5	7	3

No 145

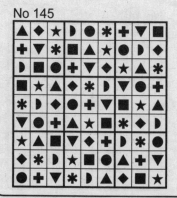

No 146

2	7	5	3	6	8	1	9	4
4	1	9	7	2	5	3	8	6
6	3	8	1	4	9	7	5	2
3	5	6	8	1	4	9	2	7
1	8	4	9	7	2	5	6	3
7	9	2	5	3	6	8	4	1
9	4	7	2	5	3	6	1	8
8	6	1	4	9	7	2	3	5
5	2	3	6	8	1	4	7	9

Solutions

No 147

9	1	2	7	5	3	4	6	8
5	8	3	9	6	4	1	7	2
7	4	6	1	2	8	3	9	5
3	2	8	4	7	5	9	1	6
1	6	7	3	9	2	8	5	4
4	5	9	8	1	6	7	2	3
8	7	5	2	4	1	6	3	9
6	9	4	5	3	7	2	8	1
2	3	1	6	8	9	5	4	7

No 148

8	9	2	1	7	6	3	4	5
7	1	5	4	3	8	6	2	9
6	4	3	5	2	9	8	7	1
9	6	7	3	8	1	4	5	2
3	5	1	2	6	4	9	8	7
2	8	4	7	9	5	1	6	3
4	7	6	9	1	2	5	3	8
1	3	8	6	5	7	2	9	4
5	2	9	8	4	3	7	1	6

No 149

2	6	1	4	7	8	5	3	9
4	5	9	3	6	2	7	1	8
8	7	3	5	9	1	2	6	4
9	3	2	8	5	7	1	4	6
7	1	6	9	4	3	8	5	2
5	4	8	2	1	6	3	9	7
1	8	4	7	3	9	6	2	5
6	2	5	1	8	4	9	7	3
3	9	7	6	2	5	4	8	1

No 150

5	3	2	4	9	1	8	6	7
1	7	9	5	6	8	3	2	4
8	4	6	7	2	3	9	5	1
4	8	1	9	3	2	5	7	6
6	2	5	8	1	7	4	3	9
7	9	3	6	5	4	1	8	2
2	1	7	3	4	5	6	9	8
9	5	8	1	7	6	2	4	3
3	6	4	2	8	9	7	1	5

No 151

7	3	5	4	1	9	2	6	8
1	6	8	7	3	2	9	5	4
2	9	4	6	8	5	1	3	7
6	1	9	8	5	7	4	2	3
5	8	2	3	6	4	7	1	9
4	7	3	2	9	1	5	8	6
9	5	6	1	7	3	8	4	2
3	2	7	5	4	8	6	9	1
8	4	1	9	2	6	3	7	5

No 152

6	2	4	8	1	5	7	9	3
8	9	7	2	3	4	6	1	5
1	5	3	7	6	9	2	8	4
7	1	9	6	5	2	3	4	8
5	6	2	3	4	8	9	7	1
4	3	8	1	9	7	5	6	2
9	4	1	5	7	3	8	2	6
2	7	5	4	8	6	1	3	9
3	8	6	9	2	1	4	5	7

Solutions

No 153

G	I	R	U	E	N	P	T	M
M	N	P	T	G	I	R	E	U
E	U	T	M	R	P	G	I	N
R	M	G	E	P	U	T	N	I
T	E	I	N	M	G	U	R	P
U	P	N	I	T	R	M	G	E
N	G	E	P	U	T	I	M	R
P	T	M	R	I	E	N	U	G
I	R	U	G	N	M	E	P	T

No 154

8	1	3	5	9	7	4	6	2
9	2	4	8	3	6	1	5	7
6	7	5	4	2	1	3	8	9
4	9	1	2	7	5	6	3	8
5	3	7	9	6	8	2	1	4
2	8	6	3	1	4	9	7	5
3	5	8	1	4	2	7	9	6
7	4	9	6	8	3	5	2	1
1	6	2	7	5	9	8	4	3

No 155

3	6	2	9	5	8	7	1	4
7	5	9	6	4	1	8	2	3
8	1	4	3	2	7	9	5	6
9	3	5	2	6	4	1	8	7
4	7	6	1	8	5	2	3	9
2	8	1	7	3	9	6	4	5
5	2	8	4	9	6	3	7	1
1	9	3	5	7	2	4	6	8
6	4	7	8	1	3	5	9	2

No 156

9	4	3	5	8	6	7	1	2
5	2	1	3	7	4	9	8	6
6	8	7	2	9	1	4	5	3
8	1	5	9	6	7	3	2	4
4	3	9	8	5	2	6	7	1
2	7	6	1	4	3	5	9	8
7	9	2	4	3	8	1	6	5
3	5	8	6	1	9	2	4	7
1	6	4	7	2	5	8	3	9

No 157

4	6	1	3	7	5	9	8	2
3	5	9	8	2	6	1	4	7
2	8	7	1	4	9	3	5	6
6	1	4	7	8	2	5	9	3
7	2	8	9	5	3	6	1	4
5	9	3	6	1	4	2	7	8
8	3	5	4	6	1	7	2	9
1	7	6	2	9	8	4	3	5
9	4	2	5	3	7	8	6	1

No 158

5	4	9	6	2	7	3	8	1
6	2	3	1	9	8	5	7	4
7	1	8	3	5	4	2	9	6
4	3	2	9	7	6	8	1	5
1	8	7	5	4	3	6	2	9
9	5	6	8	1	2	4	3	7
2	9	1	4	8	5	7	6	3
3	7	5	2	6	9	1	4	8
8	6	4	7	3	1	9	5	2

Solutions

No 159

3	8	6	5	1	9	2	4	7
9	5	4	7	2	8	6	3	1
1	7	2	6	3	4	5	9	8
7	2	8	3	9	5	4	1	6
6	4	3	1	8	7	9	2	5
5	9	1	2	4	6	8	7	3
8	1	9	4	6	3	7	5	2
4	3	5	8	7	2	1	6	9
2	6	7	9	5	1	3	8	4

No 160

3	6	4	7	9	5	2	8	1
9	5	1	2	6	8	3	4	7
7	2	8	3	1	4	6	5	9
2	9	6	5	8	7	1	3	4
4	7	5	1	3	2	9	6	8
1	8	3	6	4	9	7	2	5
5	1	7	8	2	3	4	9	6
8	4	2	9	7	6	5	1	3
6	3	9	4	5	1	8	7	2

No 161

3	6	5	9	4	8	7	1	2
7	1	4	5	6	2	9	3	8
9	2	8	7	3	1	6	5	4
4	7	2	8	5	9	1	6	3
5	9	3	1	2	6	8	4	7
6	8	1	3	7	4	5	2	9
2	4	7	6	9	5	3	8	1
8	3	6	2	1	7	4	9	5
1	5	9	4	8	3	2	7	6

No 162

9	1	3	6	2	8	7	4	5
8	5	7	4	1	9	2	6	3
4	2	6	7	5	3	9	8	1
6	7	2	9	4	5	3	1	8
1	4	8	2	3	7	6	5	9
3	9	5	8	6	1	4	2	7
5	6	1	3	7	2	8	9	4
2	3	9	1	8	4	5	7	6
7	8	4	5	9	6	1	3	2

No 163

4	5	6	9	3	1	7	2	8
8	7	2	4	5	6	1	3	9
9	3	1	2	8	7	4	5	6
7	8	5	3	6	2	9	1	4
2	9	4	7	1	8	3	6	5
6	1	3	5	9	4	8	7	2
3	2	8	6	7	9	5	4	1
5	4	9	1	2	3	6	8	7
1	6	7	8	4	5	2	9	3

No 164

U	E	S	T	I	O	F	A	C
O	A	C	F	S	E	T	U	I
F	I	T	U	A	C	S	O	E
E	U	F	O	T	I	C	S	A
I	T	O	A	C	S	U	E	F
C	S	A	E	F	U	I	T	O
S	F	E	C	U	A	O	I	T
T	O	U	I	E	F	A	C	S
A	C	I	S	O	T	E	F	U

Solutions

No 165

7	2	1	5	3	4	6	8	9
8	6	4	2	9	7	3	1	5
5	9	3	8	6	1	7	2	4
4	3	5	6	1	2	9	7	8
2	1	6	9	7	8	5	4	3
9	7	8	3	4	5	1	6	2
1	5	7	4	8	9	2	3	6
3	8	2	1	5	6	4	9	7
6	4	9	7	2	3	8	5	1

No 166

7	3	4	5	8	2	6	1	9
8	6	5	1	4	9	7	3	2
9	2	1	6	7	3	4	5	8
5	7	3	9	1	4	2	8	6
1	4	9	2	6	8	3	7	5
6	8	2	7	3	5	9	4	1
3	1	7	8	2	6	5	9	4
2	5	8	4	9	7	1	6	3
4	9	6	3	5	1	8	2	7

No 167

7	3	4	9	1	6	2	8	5
9	6	5	3	2	8	7	1	4
8	1	2	5	7	4	6	3	9
3	8	6	2	4	7	9	5	1
2	5	9	1	8	3	4	6	7
1	4	7	6	5	9	3	2	8
4	7	3	8	6	1	5	9	2
6	2	8	4	9	5	1	7	3
5	9	1	7	3	2	8	4	6

No 168

7	1	3	9	8	6	4	2	5
9	2	4	7	1	5	3	6	8
6	8	5	4	3	2	1	9	7
2	3	1	6	4	8	5	7	9
8	5	7	1	2	9	6	4	3
4	6	9	3	5	7	2	8	1
1	9	8	5	6	4	7	3	2
5	4	2	8	7	3	9	1	6
3	7	6	2	9	1	8	5	4

No 169

2	5	4	6	3	7	1	9	8
7	8	3	1	9	5	6	4	2
9	6	1	8	2	4	3	7	5
3	4	2	7	6	8	9	5	1
1	9	5	2	4	3	8	6	7
8	7	6	5	1	9	4	2	3
6	3	7	4	8	2	5	1	9
4	2	9	3	5	1	7	8	6
5	1	8	9	7	6	2	3	4

No 170

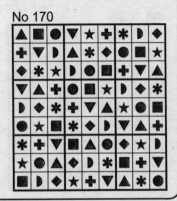

430

Solutions

No 171

4	2	6	7	9	5	1	8	3
3	8	5	1	2	4	7	6	9
1	9	7	8	3	6	2	5	4
6	4	9	5	7	8	3	1	2
5	1	2	4	6	3	8	9	7
7	3	8	9	1	2	5	4	6
2	5	1	6	4	7	9	3	8
8	7	4	3	5	9	6	2	1
9	6	3	2	8	1	4	7	5

No 172

2	7	9	1	5	8	4	3	6
3	5	8	6	4	9	2	7	1
4	6	1	3	2	7	5	8	9
7	9	5	4	8	1	6	2	3
6	8	2	7	3	5	9	1	4
1	3	4	2	9	6	7	5	8
9	1	6	5	7	3	8	4	2
8	2	7	9	1	4	3	6	5
5	4	3	8	6	2	1	9	7

No 173

2	6	9	7	4	8	3	5	1
8	7	4	5	1	3	9	2	6
1	3	5	6	9	2	4	7	8
6	4	7	2	8	9	5	1	3
3	2	8	1	7	5	6	4	9
5	9	1	3	6	4	7	8	2
9	8	2	4	3	7	1	6	5
4	1	3	8	5	6	2	9	7
7	5	6	9	2	1	8	3	4

No 174

7	6	9	5	8	2	3	4	1
3	4	5	7	6	1	2	9	8
1	2	8	3	4	9	6	5	7
8	9	3	6	2	7	5	1	4
6	5	4	9	1	8	7	2	3
2	1	7	4	5	3	9	8	6
4	3	2	1	7	5	8	6	9
9	8	6	2	3	4	1	7	5
5	7	1	8	9	6	4	3	2

No 175

G	N	M	I	O	T	C	P	E
I	T	P	N	C	E	G	M	O
O	C	E	P	G	M	T	I	N
P	I	T	G	E	C	N	O	M
E	M	C	O	I	N	P	G	T
N	O	G	M	T	P	I	E	C
M	E	N	C	P	G	O	T	I
C	G	I	T	M	O	E	N	P
T	P	O	E	N	I	M	C	G

No 176

6	3	4	5	8	2	9	7	1
7	8	2	9	1	3	5	4	6
1	9	5	7	4	6	2	8	3
2	4	8	6	3	7	1	5	9
9	7	1	4	2	5	3	6	8
3	5	6	1	9	8	4	2	7
4	6	3	8	5	1	7	9	2
8	1	9	2	7	4	6	3	5
5	2	7	3	6	9	8	1	4

Solutions

No 177

8	9	7	1	6	5	4	2	3
5	1	6	2	3	4	7	8	9
4	2	3	8	7	9	1	6	5
9	6	2	3	8	1	5	4	7
3	5	8	4	2	7	9	1	6
1	7	4	5	9	6	2	3	8
6	4	9	7	1	8	3	5	2
7	3	5	6	4	2	8	9	1
2	8	1	9	5	3	6	7	4

No 178

3	9	5	2	6	4	1	7	8
2	8	7	1	9	3	5	4	6
4	1	6	7	5	8	3	2	9
8	7	2	6	3	9	4	5	1
9	4	3	5	7	1	8	6	2
6	5	1	4	8	2	9	3	7
5	2	8	3	1	7	6	9	4
7	6	9	8	4	5	2	1	3
1	3	4	9	2	6	7	8	5

No 179

9	6	5	1	8	3	2	7	4
8	2	7	5	4	6	3	9	1
4	3	1	7	9	2	8	6	5
2	5	4	3	7	8	9	1	6
6	8	9	2	1	4	7	5	3
7	1	3	6	5	9	4	8	2
1	4	6	8	2	7	5	3	9
5	7	2	9	3	1	6	4	8
3	9	8	4	6	5	1	2	7

No 180

3	4	7	1	2	8	6	5	9
2	8	5	6	9	4	1	7	3
6	1	9	7	5	3	2	8	4
8	6	4	3	1	7	5	9	2
1	5	2	8	4	9	7	3	6
9	7	3	2	6	5	8	4	1
7	2	8	9	3	6	4	1	5
5	9	6	4	8	1	3	2	7
4	3	1	5	7	2	9	6	8

No 181

1	3	5	2	9	7	4	8	6
9	7	2	4	6	8	5	1	3
6	8	4	3	5	1	7	2	9
5	9	1	6	7	3	2	4	8
4	2	3	1	8	5	9	6	7
8	6	7	9	4	2	3	5	1
3	5	6	7	1	4	8	9	2
7	1	8	5	2	9	6	3	4
2	4	9	8	3	6	1	7	5

No 182

7	6	2	4	1	9	5	3	8
8	4	9	5	7	3	2	1	6
1	5	3	6	8	2	7	9	4
5	9	4	2	6	7	1	8	3
2	7	1	3	4	8	6	5	9
3	8	6	9	5	1	4	7	2
6	3	5	7	9	4	8	2	1
4	2	8	1	3	5	9	6	7
9	1	7	8	2	6	3	4	5

Solutions

No 183

1	2	7	5	9	3	8	6	4
9	5	3	8	4	6	7	1	2
8	6	4	1	7	2	9	5	3
2	7	1	3	5	9	6	4	8
6	4	8	2	1	7	5	3	9
5	3	9	6	8	4	1	2	7
4	8	6	7	2	1	3	9	5
7	1	2	9	3	5	4	8	6
3	9	5	4	6	8	2	7	1

No 184

4	2	3	5	6	8	9	7	1
6	8	7	9	3	1	4	2	5
1	5	9	4	2	7	8	3	6
9	1	8	3	5	6	7	4	2
5	7	4	8	1	2	3	6	9
2	3	6	7	4	9	1	5	8
7	6	2	1	9	3	5	8	4
3	4	1	2	8	5	6	9	7
8	9	5	6	7	4	2	1	3

No 185

1	6	5	8	2	3	7	4	9
7	4	8	9	1	6	5	3	2
2	9	3	4	5	7	8	1	6
4	5	9	2	6	1	3	8	7
6	1	7	5	3	8	9	2	4
8	3	2	7	9	4	6	5	1
3	7	6	1	8	2	4	9	5
9	2	4	3	7	5	1	6	8
5	8	1	6	4	9	2	7	3

No 186

M	R	S	I	E	H	N	F	A
I	H	N	R	A	F	E	M	S
F	E	A	N	S	M	R	I	H
N	F	R	M	I	S	A	H	E
H	M	E	F	R	A	S	N	I
S	A	I	E	H	N	F	R	M
E	N	M	S	F	I	H	A	R
R	I	H	A	N	E	M	S	F
A	S	F	H	M	R	I	E	N

No 187

7	9	3	8	5	2	4	6	1
8	5	6	1	4	7	9	2	3
1	4	2	6	3	9	8	5	7
3	2	8	4	9	1	6	7	5
4	6	5	2	7	3	1	9	8
9	7	1	5	6	8	2	3	4
6	1	7	3	2	4	5	8	9
2	3	4	9	8	5	7	1	6
5	8	9	7	1	6	3	4	2

No 188

3	6	4	8	7	1	9	2	5
5	8	9	4	3	2	6	7	1
2	7	1	5	6	9	8	4	3
4	2	5	9	1	8	3	6	7
9	3	6	7	5	4	1	8	2
7	1	8	3	2	6	4	5	9
8	9	3	2	4	7	5	1	6
6	5	7	1	8	3	2	9	4
1	4	2	6	9	5	7	3	8

Solutions

No 189

5	1	9	3	4	8	2	6	7
8	4	3	7	6	2	5	1	9
2	6	7	9	1	5	8	4	3
7	5	1	4	8	9	3	2	6
9	8	4	6	2	3	7	5	1
3	2	6	1	5	7	9	8	4
6	7	5	8	9	1	4	3	2
1	9	8	2	3	4	6	7	5
4	3	2	5	7	6	1	9	8

No 190

3	2	8	5	1	4	7	6	9
1	5	4	7	9	6	2	8	3
9	7	6	2	3	8	5	4	1
4	1	2	9	6	5	3	7	8
6	9	5	3	8	7	1	2	4
8	3	7	1	4	2	9	5	6
5	6	1	8	7	9	4	3	2
7	8	9	4	2	3	6	1	5
2	4	3	6	5	1	8	9	7

No 191

6	7	9	3	2	5	8	4	1
8	2	5	4	1	6	9	3	7
3	4	1	8	9	7	6	2	5
5	3	8	6	4	1	2	7	9
1	6	4	9	7	2	5	8	3
7	9	2	5	3	8	4	1	6
2	5	3	7	8	9	1	6	4
9	1	7	2	6	4	3	5	8
4	8	6	1	5	3	7	9	2

No 192

2	8	9	6	3	4	5	7	1
6	4	5	9	7	1	2	3	8
3	7	1	2	5	8	6	4	9
9	6	3	7	4	5	8	1	2
4	1	7	8	6	2	9	5	3
5	2	8	1	9	3	7	6	4
8	5	2	3	1	6	4	9	7
7	3	6	4	8	9	1	2	5
1	9	4	5	2	7	3	8	6

No 193

6	2	3	9	8	5	4	7	1
4	5	9	2	1	7	6	8	3
1	8	7	4	3	6	9	2	5
3	6	8	5	4	9	7	1	2
9	4	1	8	7	2	3	5	6
5	7	2	1	6	3	8	4	9
2	3	6	7	5	8	1	9	4
7	1	5	6	9	4	2	3	8
8	9	4	3	2	1	5	6	7

No 194

3	7	5	1	2	6	8	4	9
2	8	1	7	4	9	5	6	3
6	4	9	3	8	5	7	1	2
4	9	7	2	6	8	1	3	5
5	2	8	4	3	1	9	7	6
1	6	3	5	9	7	2	8	4
7	5	2	6	1	4	3	9	8
9	1	6	8	5	3	4	2	7
8	3	4	9	7	2	6	5	1

Solutions

No 195

▼	★	✚	■	✳	◆	◗	▲	●
✳	●	◆	★	◗	▲	■	▼	✚
■	▲	◗	✚	●	▼	◆	✳	★
✚	◆	●	▲	■	✳	★	◗	▼
★	■	✳	▼	◆	◗	●	✚	▲
◗	▼	▲	●	✚	★	✳	◆	■
●	✳	▼	◆	★	✚	▲	■	◗
▲	◗	★	✳	▼	■	✚	●	◆
◆	✚	■	◗	▲	●	▼	★	✳

No 196

1	4	6	5	7	3	8	2	9
8	2	5	4	1	9	3	6	7
7	9	3	6	8	2	4	1	5
2	7	4	8	6	5	1	9	3
6	5	9	7	3	1	2	4	8
3	8	1	9	2	4	7	5	6
5	1	8	2	9	7	6	3	4
9	6	2	3	4	8	5	7	1
4	3	7	1	5	6	9	8	2

No 197

I	T	C	O	N	U	E	S	A
E	S	N	I	C	A	O	T	U
U	O	A	S	E	T	C	N	I
N	C	I	A	S	E	U	O	T
S	A	E	T	U	O	N	I	C
T	U	O	N	I	C	A	E	S
C	N	T	E	A	S	I	U	O
O	E	U	C	T	I	S	A	N
A	I	S	U	O	N	T	C	E

No 198

8	5	9	6	2	4	7	1	3
7	1	2	8	9	3	5	6	4
3	6	4	5	1	7	2	9	8
4	9	8	2	5	1	6	3	7
6	2	7	3	4	9	1	8	5
1	3	5	7	8	6	4	2	9
2	4	1	9	7	8	3	5	6
5	8	3	4	6	2	9	7	1
9	7	6	1	3	5	8	4	2

No 199

9	4	5	8	3	1	6	2	7
6	1	7	9	5	2	4	8	3
3	8	2	6	7	4	1	9	5
8	7	9	1	2	5	3	4	6
1	3	6	4	8	9	7	5	2
2	5	4	7	6	3	9	1	8
5	9	3	2	1	6	8	7	4
7	6	1	5	4	8	2	3	9
4	2	8	3	9	7	5	6	1

No 200

8	4	9	7	5	6	3	2	1
1	3	6	2	9	4	7	8	5
2	5	7	3	1	8	6	9	4
6	2	1	5	4	7	9	3	8
4	7	3	8	6	9	5	1	2
9	8	5	1	2	3	4	7	6
5	9	8	6	7	2	1	4	3
3	1	4	9	8	5	2	6	7
7	6	2	4	3	1	8	5	9

Solutions

No 201

9	1	4	5	8	2	7	6	3
6	3	7	9	1	4	5	8	2
2	5	8	3	7	6	1	4	9
7	6	3	4	9	1	2	5	8
8	2	5	6	3	7	9	1	4
4	9	1	2	5	8	3	7	6
5	8	2	7	6	3	4	9	1
1	4	9	8	2	5	6	3	7
3	7	6	1	4	9	8	2	5

No 202

2	1	6	9	5	4	7	3	8
8	7	5	2	3	1	6	9	4
9	4	3	8	6	7	1	2	5
7	6	9	3	4	2	8	5	1
3	5	8	6	1	9	2	4	7
1	2	4	5	7	8	9	6	3
4	9	7	1	2	5	3	8	6
5	3	2	7	8	6	4	1	9
6	8	1	4	9	3	5	7	2

No 203

9	8	3	5	6	2	7	1	4
7	4	2	3	8	1	5	9	6
1	6	5	9	7	4	2	8	3
5	2	4	8	9	3	6	7	1
8	9	6	1	2	7	3	4	5
3	1	7	6	4	5	8	2	9
2	5	9	7	1	6	4	3	8
4	3	8	2	5	9	1	6	7
6	7	1	4	3	8	9	5	2

No 204

6	3	7	2	5	4	9	8	1
9	4	1	7	8	3	6	5	2
2	5	8	1	6	9	3	4	7
5	9	6	4	1	2	8	7	3
4	7	2	9	3	8	5	1	6
1	8	3	5	7	6	4	2	9
7	1	9	6	4	5	2	3	8
8	2	4	3	9	1	7	6	5
3	6	5	8	2	7	1	9	4

No 205

1	7	8	3	4	6	9	2	5
4	5	3	2	9	7	8	1	6
9	2	6	1	5	8	3	7	4
6	9	2	5	3	4	7	8	1
5	3	4	7	8	1	2	6	9
8	1	7	6	2	9	5	4	3
7	4	9	8	1	5	6	3	2
3	8	1	9	6	2	4	5	7
2	6	5	4	7	3	1	9	8

No 206

3	9	7	2	6	1	8	5	4
6	4	5	9	8	3	7	1	2
1	8	2	7	4	5	6	9	3
8	6	4	5	3	7	9	2	1
9	5	1	4	2	8	3	6	7
7	2	3	1	9	6	5	4	8
5	7	6	3	1	2	4	8	9
4	1	8	6	7	9	2	3	5
2	3	9	8	5	4	1	7	6

Solutions

No 207

1	2	3	7	6	8	5	9	4
5	7	4	3	9	1	6	8	2
8	6	9	5	2	4	3	1	7
6	3	5	4	7	9	1	2	8
2	8	7	6	1	3	4	5	9
9	4	1	8	5	2	7	3	6
4	9	2	1	3	6	8	7	5
3	5	6	2	8	7	9	4	1
7	1	8	9	4	5	2	6	3

No 208

E	B	C	D	A
D	E	A	C	B
B	A	D	E	C
C	D	B	A	E
A	C	E	B	D

No 209

B	D	C	E	A
D	C	A	B	E
A	E	D	C	B
C	B	E	A	D
E	A	B	D	C

No 210

C	B	A	E	D
E	C	D	A	B
B	D	E	C	A
D	A	C	B	E
A	E	B	D	C

No 211

B	D	E	C	A
C	B	A	E	D
D	A	C	B	E
A	E	B	D	C
E	C	D	A	B

No 212

C	B	A	D	E
D	C	E	A	B
B	E	D	C	A
A	D	B	E	C
E	A	C	B	D

No 213

B	C	E	A	D
D	B	A	C	E
C	D	B	E	A
E	A	D	B	C
A	E	C	D	B

No 214

F	E	C	D	A	B
B	A	E	C	D	F
D	B	F	E	C	A
E	D	B	A	F	C
C	F	A	B	E	D
A	C	D	F	B	E

No 215

D	C	F	E	B	A
B	A	C	D	E	F
A	F	D	B	C	E
E	B	A	F	D	C
F	D	E	C	A	B
C	E	B	A	F	D

Solutions

No 216

B	E	A	C	D	F
D	F	B	A	E	C
E	A	C	F	B	D
F	C	E	D	A	B
A	D	F	B	C	E
C	B	D	E	F	A

No 217

C	F	B	E	D	A
A	D	E	F	C	B
F	C	D	A	B	E
B	A	F	C	E	D
E	B	A	D	F	C
D	E	C	B	A	F

No 218

E	F	C	D	A	B
F	B	A	C	E	D
A	C	D	B	F	E
B	A	F	E	D	C
C	D	E	A	B	F
D	E	B	F	C	A

No 219

B	C	F	A	D	E
E	B	A	C	F	D
C	D	E	F	B	A
D	A	B	E	C	F
A	F	C	D	E	B
F	E	D	B	A	D

No 220

D	F	B	A	C	E
F	C	A	E	B	D
B	E	C	F	D	A
C	A	D	B	E	F
E	D	F	C	A	B
A	B	E	D	F	C

No 221

B	A	D	E	C	F
F	E	C	D	A	B
C	F	A	B	E	D
A	B	E	F	D	C
E	D	B	C	F	A
D	C	F	A	B	E

No 222

D	E	G	C	F	B	A
F	A	D	G	B	C	E
C	D	B	E	A	F	G
A	B	E	F	G	D	C
G	C	F	B	E	A	D
B	G	C	A	D	E	F
E	F	A	D	C	G	B

No 223

C	A	E	D	F	B	G
G	F	A	C	B	D	E
F	B	D	E	G	A	C
E	D	B	A	C	G	F
D	C	G	B	E	F	A
B	E	F	G	A	C	D
A	G	C	F	D	E	B

Solutions

No 224

E	G	C	A	F	D	B
C	E	F	B	A	G	D
B	F	G	D	C	E	A
F	D	A	G	E	B	C
D	A	B	E	G	C	F
G	C	D	F	B	A	E
A	B	E	C	D	F	G

No 225

E	F	B	D	C	A	G
B	D	G	C	E	F	A
D	G	C	A	B	E	F
G	A	F	B	D	C	E
C	E	A	G	F	D	B
A	C	E	F	G	B	D
F	B	D	E	A	G	C

No 226

E	F	C	G	D	B	A
D	A	E	C	B	F	G
B	E	G	D	F	A	C
A	G	B	F	E	C	D
C	B	F	A	G	D	E
G	C	D	B	A	E	F
F	D	A	A	C	G	B

No 227

E	G	F	A	D	B	C
D	C	E	G	A	F	B
C	D	B	F	E	A	G
A	B	G	E	C	D	F
B	E	C	D	F	G	A
G	F	A	C	B	E	D
F	A	D	B	G	C	E

No 228

9	5	8	7	6	1	2	4	3
3	7	1	9	2	4	6	8	5
2	4	6	8	5	3	1	9	7
1	2	7	4	9	5	3	6	8
8	6	5	3	1	7	9	2	4
4	3	9	2	8	6	5	7	1
6	8	3	5	7	2	4	1	9
7	1	4	6	3	9	8	5	2
5	9	2	1	4	8	7	3	6

No 229

8	6	3	7	1	2	5	9	4
2	1	5	4	6	9	3	7	8
7	4	9	5	3	8	1	6	2
5	9	1	6	8	3	2	4	7
4	8	7	1	2	5	6	3	9
6	3	2	9	4	7	8	1	5
1	7	8	3	5	4	9	2	6
3	2	4	8	9	6	7	5	1
9	5	6	2	7	1	4	8	3

Solutions

No 230

8	2	7	3	9	5	6	1	4
6	9	3	4	1	2	5	7	8
4	5	1	6	8	7	9	2	3
1	4	9	5	7	6	3	8	2
5	7	2	8	3	4	1	6	9
3	8	6	1	2	9	4	5	7
2	3	4	7	6	1	8	9	5
7	6	5	9	4	8	2	3	1
9	1	8	2	5	3	7	4	6

No 231

8	1	3	2	4	6	9	5	7
4	9	7	5	3	8	6	1	2
2	6	5	1	7	9	8	4	3
5	4	6	7	1	2	3	8	9
7	8	1	9	5	3	4	2	6
9	3	2	6	8	4	1	7	5
1	7	8	3	6	5	2	9	4
3	5	9	4	2	1	7	6	8
6	2	4	8	9	7	5	3	1

No 232

6	4	1	5	3	9	7	2	8
5	2	7	8	4	6	3	9	1
3	9	8	2	7	1	4	6	5
1	7	3	4	9	2	5	8	6
4	6	9	7	5	8	1	3	2
2	8	5	6	1	3	9	4	7
9	5	6	3	2	7	8	1	4
7	1	2	9	8	4	6	5	3
8	3	4	1	6	5	2	7	9

No 233

3	4	1	5	8	7	9	2	6
8	6	7	9	1	2	4	5	3
2	5	9	3	4	6	1	8	7
5	3	6	1	7	4	8	9	2
1	7	8	2	9	5	6	3	4
4	9	2	8	6	3	5	7	1
9	2	3	6	5	1	7	4	8
6	8	4	7	3	9	2	1	5
7	1	5	4	2	8	3	6	9

No 234

8	3	4	6	9	7	5	1	2
1	6	7	2	3	5	9	8	4
9	5	2	4	8	1	3	6	7
7	8	1	9	5	3	2	4	6
5	2	9	1	6	4	8	7	3
6	4	3	7	2	8	1	9	5
4	1	5	8	7	2	6	3	9
2	7	6	3	1	9	4	5	8
3	9	8	5	4	6	7	2	1

No 235

6	5	4	7	9	3	8	1	2
7	2	8	1	5	4	9	6	3
3	1	9	6	8	2	5	4	7
5	8	3	9	7	6	1	2	4
9	4	1	2	3	5	7	8	6
2	7	6	4	1	8	3	9	5
1	6	5	8	2	7	4	3	9
8	3	2	5	4	9	6	7	1
4	9	7	3	6	1	2	5	8

Solutions

No 236

7	1	8	2	5	6	9	4	3
5	3	6	1	9	4	2	7	8
2	4	9	8	3	7	5	1	6
1	2	3	4	7	8	6	5	9
6	5	4	3	1	9	7	8	2
9	8	7	5	6	2	4	3	1
8	7	1	9	2	5	3	6	4
3	9	5	6	4	1	8	2	7
4	6	2	7	8	3	1	9	5

No 237

5	4	1	9	6	3	8	7	2
8	3	6	2	7	4	5	9	1
9	2	7	1	5	8	3	4	6
1	6	2	7	4	5	9	8	3
3	5	8	6	9	1	4	2	7
4	7	9	3	8	2	6	1	5
2	8	5	4	3	7	1	6	9
7	9	3	8	1	6	2	5	4
6	1	4	5	2	9	7	3	8

No 238

N	E	S	A	V	B	R	T	O
B	V	T	R	N	O	E	A	S
R	A	O	E	T	S	N	V	B
O	T	E	N	S	V	A	B	R
A	S	B	T	E	R	V	O	N
V	R	N	B	O	A	T	S	E
T	B	A	O	R	E	S	N	V
S	O	R	V	A	N	B	E	T
E	N	V	S	B	T	O	R	A

No 239

4	7	6	3	9	1	5	2	8
9	1	5	6	2	8	4	3	7
2	3	8	7	4	5	6	1	9
7	9	3	5	8	6	1	4	2
6	5	4	9	1	2	8	7	3
8	2	1	4	7	3	9	5	6
5	4	9	2	6	7	3	8	1
1	6	7	8	3	4	2	9	5
3	8	2	1	5	9	7	6	4

No 240

9	2	1	5	8	4	7	3	6
3	8	6	7	1	9	2	4	5
4	5	7	3	6	2	9	1	8
5	9	8	2	3	6	4	7	1
6	4	2	1	7	8	5	9	3
1	7	3	4	9	5	8	6	2
7	6	4	8	2	1	3	5	9
8	3	9	6	5	7	1	2	4
2	1	5	9	4	3	6	8	7

No 241

2	1	4	5	3	9	8	6	7
8	5	6	7	4	2	9	1	3
7	9	3	1	8	6	5	4	2
5	3	2	9	6	1	4	7	8
6	7	8	2	5	4	1	3	9
1	4	9	8	7	3	6	2	5
3	2	1	4	9	8	7	5	6
9	6	5	3	1	7	2	8	4
4	8	7	6	2	5	3	9	1

Solutions

No 242

2	3	9	6	7	1	5	8	4
4	7	6	2	8	5	9	1	3
1	8	5	9	3	4	7	2	6
6	4	1	5	9	7	8	3	2
5	2	3	1	4	8	6	9	7
8	9	7	3	2	6	1	4	5
9	5	8	4	6	2	3	7	1
7	1	2	8	5	3	4	6	9
3	6	4	7	1	9	2	5	8

No 243

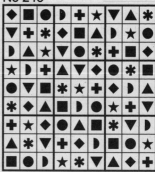

No 244

7	5	4	8	6	3	2	1	9
1	2	3	4	9	7	5	8	6
8	9	6	1	5	2	4	7	3
4	1	8	9	2	5	6	3	7
5	6	7	3	4	8	1	9	2
2	3	9	7	1	6	8	5	4
6	8	2	5	3	9	7	4	1
3	7	1	2	8	4	9	6	5
9	4	5	6	7	1	3	2	8

No 245

9	6	1	4	3	8	2	7	5
3	8	7	2	1	5	4	6	9
2	5	4	6	7	9	8	3	1
7	3	8	5	6	1	9	2	4
4	1	9	3	2	7	5	8	6
5	2	6	8	9	4	3	1	7
8	9	2	1	4	6	7	5	3
1	4	5	7	8	3	6	9	2
6	7	3	9	5	2	1	4	8

No 246

1	3	9	6	8	7	5	2	4
2	6	8	4	5	1	3	7	9
5	7	4	9	2	3	8	6	1
6	2	5	8	3	9	1	4	7
8	1	7	5	4	6	9	3	2
9	4	3	1	7	2	6	8	5
3	8	2	7	1	5	4	9	6
7	9	1	3	6	4	2	5	8
4	5	6	2	9	8	7	1	3

No 247

8	9	6	7	5	3	2	1	4
5	4	3	2	8	1	9	6	7
7	1	2	4	6	9	3	5	8
6	3	8	9	4	2	5	7	1
4	5	1	3	7	8	6	9	2
2	7	9	6	1	5	8	4	3
3	8	7	1	9	6	4	2	5
1	6	5	8	2	4	7	3	9
9	2	4	5	3	7	1	8	6

Solutions

No 248

5	1	3	4	8	2	7	6	9
8	6	2	1	7	9	4	5	3
7	9	4	6	3	5	2	8	1
2	7	1	9	5	6	3	4	8
3	4	5	2	1	8	9	7	6
9	8	6	3	4	7	1	2	5
6	2	7	8	9	3	5	1	4
4	3	8	5	2	1	6	9	7
1	5	9	7	6	4	8	3	2

No 249

F	R	U	N	I	D	S	E	H
D	E	S	R	H	F	N	I	U
N	H	I	E	U	S	R	F	D
I	U	H	D	E	N	F	R	S
R	S	N	U	F	I	H	D	E
E	D	F	H	S	R	I	U	N
U	I	R	S	D	H	E	N	F
S	F	E	I	N	U	D	H	R
H	N	D	F	R	E	U	S	I

No 250

2	5	3	7	1	9	4	6	8
8	4	7	5	2	6	9	3	1
1	9	6	3	8	4	7	5	2
6	2	8	9	4	3	5	1	7
5	3	4	1	6	7	2	8	9
9	7	1	8	5	2	3	4	6
4	6	9	2	3	8	1	7	5
3	1	2	6	7	5	8	9	4
7	8	5	4	9	1	6	2	3

No 251

9	6	2	8	7	5	4	3	1
5	1	4	3	2	6	7	9	8
8	3	7	9	4	1	2	5	6
2	8	3	6	1	9	5	4	7
4	7	6	2	5	3	8	1	9
1	9	5	4	8	7	6	2	3
3	2	8	7	9	4	1	6	5
7	5	9	1	6	2	3	8	4
6	4	1	5	3	8	9	7	2

No 252

6	3	1	2	9	4	5	7	8
4	7	5	3	8	6	2	9	1
2	8	9	7	1	5	3	6	4
7	4	6	8	5	3	9	1	2
3	5	2	1	6	9	8	4	7
9	1	8	4	7	2	6	3	5
1	9	3	5	4	8	7	2	6
5	6	7	9	2	1	4	8	3
8	2	4	6	3	7	1	5	9

No 253

4	5	9	8	7	2	3	6	1
8	3	2	5	6	1	4	7	9
1	7	6	3	9	4	2	5	8
6	2	5	4	3	8	1	9	7
9	8	4	1	5	7	6	3	2
7	1	3	9	2	6	5	8	4
3	6	8	2	4	9	7	1	5
2	9	7	6	1	5	8	4	3
5	4	1	7	8	3	9	2	6

Solutions

No 254

7	3	6	4	9	1	8	2	5
9	4	8	2	5	3	7	1	6
5	2	1	6	7	8	4	3	9
2	7	5	9	8	6	3	4	1
3	1	9	7	2	4	6	5	8
8	6	4	1	3	5	9	7	2
1	8	3	5	6	7	2	9	4
4	9	7	8	1	2	5	6	3
6	5	2	3	4	9	1	8	7

No 255

4	3	1	7	8	2	5	9	6
8	9	2	6	5	4	7	3	1
7	6	5	3	1	9	4	8	2
6	8	4	1	2	3	9	5	7
5	1	7	4	9	8	2	6	3
3	2	9	5	7	6	8	1	4
1	4	8	2	6	5	3	7	9
2	5	6	9	3	7	1	4	8
9	7	3	8	4	1	6	2	5

No 256

9	7	8	1	3	5	6	2	4
5	3	1	4	2	6	9	7	8
6	2	4	8	7	9	5	3	1
4	5	3	2	6	8	1	9	7
1	9	7	3	5	4	8	6	2
8	6	2	7	9	1	4	5	3
2	4	5	6	8	7	3	1	9
7	8	6	9	1	3	2	4	5
3	1	9	5	4	2	7	8	6

No 257

5	9	3	8	2	1	7	6	4
6	2	4	5	3	7	9	8	1
8	1	7	9	4	6	5	3	2
3	7	6	1	5	8	2	4	9
4	8	9	2	7	3	1	5	6
1	5	2	4	6	9	8	7	3
7	4	8	3	9	2	6	1	5
2	6	5	7	1	4	3	9	8
9	3	1	6	8	5	4	2	7

No 258

7	1	6	9	4	2	5	3	8
5	3	8	1	6	7	4	2	9
9	4	2	5	3	8	1	6	7
6	7	1	2	9	4	8	5	3
2	9	4	8	5	3	7	1	6
8	5	3	7	1	6	9	4	2
4	2	9	3	8	5	6	7	1
1	6	7	4	2	9	3	8	5
3	8	5	6	7	1	2	9	4

No 259

4	7	3	2	5	6	8	1	9
9	6	5	8	4	1	7	2	3
1	2	8	7	3	9	6	5	4
6	4	2	3	7	8	5	9	1
3	1	7	9	6	5	4	8	2
8	5	9	1	2	4	3	7	6
7	9	6	4	8	2	1	3	5
2	3	4	5	1	7	9	6	8
5	8	1	6	9	3	2	4	7

Solutions

No 260

E	S	B	U	L	Y	R	C	O
L	U	Y	R	O	C	S	B	E
O	R	C	S	E	B	U	Y	L
S	Y	E	C	U	L	B	O	R
U	C	L	B	R	O	Y	E	S
R	B	O	Y	S	E	C	L	U
Y	L	S	O	C	U	E	R	B
C	O	U	E	B	R	L	S	Y
B	E	R	L	Y	S	O	U	C

No 261

3	4	5	2	7	9	1	6	8
6	2	8	1	4	3	5	9	7
7	9	1	6	8	5	3	2	4
1	5	7	8	6	2	9	4	3
2	6	3	7	9	4	8	5	1
4	8	9	5	3	1	2	7	6
9	3	2	4	1	6	7	8	5
5	7	4	3	2	8	6	1	9
8	1	6	9	5	7	4	3	2

No 262

2	4	1	9	3	5	8	7	6
9	6	7	4	8	1	5	2	3
3	8	5	6	2	7	4	1	9
7	2	6	5	1	9	3	8	4
1	3	8	2	6	4	9	5	7
5	9	4	8	7	3	1	6	2
8	7	3	1	4	6	2	9	5
6	5	2	3	9	8	7	4	1
4	1	9	7	5	2	6	3	8

No 263

2	4	8	5	3	1	9	6	7
3	9	5	7	6	4	2	8	1
7	6	1	2	9	8	5	3	4
5	3	4	6	1	2	7	9	8
8	1	6	3	7	9	4	2	5
9	2	7	8	4	5	6	1	3
1	7	9	4	2	3	8	5	6
6	8	3	9	5	7	1	4	2
4	5	2	1	8	6	3	7	9

No 264

2	3	5	1	4	8	6	9	7
6	7	1	3	9	2	8	4	5
4	8	9	6	5	7	1	3	2
9	4	8	7	3	5	2	6	1
1	5	2	4	6	9	7	8	3
7	6	3	8	2	1	4	5	9
5	1	7	9	8	4	3	2	6
8	2	6	5	1	3	9	7	4
3	9	4	2	7	6	5	1	8

No 265

6	4	1	5	7	8	9	2	3
7	2	8	9	3	1	6	5	4
3	5	9	4	6	2	1	7	8
4	9	6	1	8	7	5	3	2
2	7	5	6	9	3	8	4	1
8	1	3	2	4	5	7	9	6
9	8	2	7	1	4	3	6	5
1	6	4	3	5	9	2	8	7
5	3	7	8	2	6	4	1	9

Solutions

No 266

■	▼	★	✳	●	✚	▲	◗	◆
◗	✳	✚	■	▲	◆	★	●	▼
▲	◆	●	★	◗	▼	■	✳	✚
▼	★	✳	▲	◆	◗	●	✚	■
✚	■	▲	●	★	✳	◆	▼	◗
◆	●	◗	✚	▼	■	✳	▲	★
●	▲	■	◗	✚	★	▼	◆	✳
★	✚	▼	◆	✳	▲	◗	■	●
✳	◗	◆	▼	■	●	✚	★	▲

No 267

4	7	8	5	2	9	1	6	3
3	5	6	8	1	4	7	9	2
1	2	9	3	7	6	8	4	5
8	6	3	2	9	7	4	5	1
2	4	5	1	3	8	6	7	9
7	9	1	4	6	5	2	3	8
5	1	2	7	4	3	9	8	6
9	8	7	6	5	1	3	2	4
6	3	4	9	8	2	5	1	7

No 268

6	7	9	4	1	3	2	8	5
3	5	4	2	8	9	7	6	1
8	2	1	7	5	6	9	3	4
2	1	3	6	9	8	5	4	7
7	9	6	5	3	4	1	2	8
4	8	5	1	7	2	3	9	6
9	4	7	8	2	1	6	5	3
5	6	2	3	4	7	8	1	9
1	3	8	9	6	5	4	7	2

No 269

9	3	4	7	2	5	6	1	8
7	8	1	6	4	9	3	5	2
5	2	6	3	8	1	9	7	4
2	7	9	5	6	4	1	8	3
4	1	3	8	9	2	7	6	5
6	5	8	1	3	7	2	4	9
1	9	2	4	7	8	5	3	6
3	4	7	9	5	6	8	2	1
8	6	5	2	1	3	4	9	7

No 270

B	W	R	K	H	N	E	C	O
H	E	N	O	C	B	K	W	R
O	K	C	R	W	E	H	N	B
W	B	K	C	N	O	R	E	H
R	N	O	E	B	H	W	K	C
C	H	E	W	K	R	O	B	N
E	C	H	B	O	K	N	R	W
K	O	B	N	R	W	C	H	E
N	R	W	H	E	C	B	O	K

No 271

8	6	5	1	7	3	9	2	4
3	4	7	9	2	5	6	8	1
2	9	1	4	6	8	3	7	5
7	2	3	8	4	9	1	5	6
6	1	9	3	5	7	2	4	8
4	5	8	6	1	2	7	3	9
5	8	2	7	9	1	4	6	3
9	7	4	5	3	6	8	1	2
1	3	6	2	8	4	5	9	7

Solutions

No 272

1	5	2	6	4	3	7	9	8
9	6	8	2	1	7	4	3	5
4	7	3	5	8	9	6	1	2
3	2	4	8	6	1	9	5	7
5	9	1	3	7	4	2	8	6
7	8	6	9	5	2	3	4	1
8	3	5	4	2	6	1	7	9
6	1	9	7	3	8	5	2	4
2	4	7	1	9	5	8	6	3

No 273

3	9	6	2	7	1	5	8	4
2	4	5	9	8	3	7	1	6
1	8	7	4	6	5	3	2	9
9	3	1	7	5	8	4	6	2
6	2	8	3	4	9	1	7	5
5	7	4	1	2	6	9	3	8
4	6	3	8	9	7	2	5	1
7	5	2	6	1	4	8	9	3
8	1	9	5	3	2	6	4	7

No 274

4	9	8	3	1	5	7	6	2
2	5	6	8	9	7	3	1	4
1	3	7	2	6	4	5	8	9
9	6	4	7	8	3	1	2	5
3	7	1	6	5	2	4	9	8
5	8	2	1	4	9	6	3	7
6	2	9	4	7	1	8	5	3
8	4	5	9	3	6	2	7	1
7	1	3	5	2	8	9	4	6

No 275

9	6	1	3	2	4	5	8	7
5	7	3	8	6	1	4	2	9
2	8	4	5	9	7	1	6	3
6	4	9	7	5	3	8	1	2
1	3	5	2	4	8	7	9	6
7	2	8	9	1	6	3	4	5
4	5	6	1	7	9	2	3	8
3	1	2	6	8	5	9	7	4
8	9	7	4	3	2	6	5	1

No 276

6	3	8	2	1	7	4	9	5
9	5	2	6	4	8	7	1	3
4	1	7	3	5	9	2	6	8
1	9	5	7	8	6	3	4	2
3	8	6	4	2	1	5	7	9
2	7	4	5	9	3	6	8	1
5	2	1	8	6	4	9	3	7
7	4	9	1	3	5	8	2	6
8	6	3	9	7	2	1	5	4

No 277

1	4	6	2	3	8	9	7	5
8	3	7	9	5	6	4	2	1
5	9	2	1	4	7	8	6	3
2	1	5	6	8	9	7	3	4
4	6	9	7	2	3	1	5	8
3	7	8	4	1	5	6	9	2
6	2	1	3	7	4	5	8	9
9	8	3	5	6	1	2	4	7
7	5	4	8	9	2	3	1	6

Solutions

No 278

1	4	9	6	7	3	8	2	5
7	8	3	5	2	1	6	9	4
6	5	2	8	4	9	1	7	3
3	2	7	9	8	5	4	1	6
5	6	4	3	1	7	9	8	2
9	1	8	4	6	2	5	3	7
2	9	1	7	5	6	3	4	8
8	7	5	1	3	4	2	6	9
4	3	6	2	9	8	7	5	1

No 279

No 280

6	1	9	2	4	8	3	5	7
5	7	3	1	9	6	2	4	8
2	4	8	7	3	5	9	1	6
3	8	4	9	5	2	6	7	1
7	2	1	8	6	4	5	3	9
9	5	6	3	1	7	8	2	4
1	3	7	6	2	9	4	8	5
8	6	5	4	7	3	1	9	2
4	9	2	5	8	1	7	6	3

No 281

1	4	6	2	7	5	8	9	3
2	3	5	8	9	6	4	7	1
7	8	9	3	4	1	5	2	6
9	7	4	5	3	2	1	6	8
5	2	8	1	6	9	3	4	7
6	1	3	4	8	7	9	5	2
8	9	1	7	2	4	6	3	5
4	5	2	6	1	3	7	8	9
3	6	7	9	5	8	2	1	4

No 282

I	A	N	D	S	L	B	M	E
B	S	D	M	E	N	L	A	I
L	M	E	B	I	A	N	D	S
E	I	B	A	M	S	D	L	N
M	D	S	L	N	I	A	E	B
N	L	A	E	B	D	I	S	M
D	N	M	I	A	E	S	B	L
S	E	L	N	D	B	M	I	A
A	B	I	S	L	M	E	N	D

No 283

5	1	8	6	7	4	2	9	3
6	9	3	1	2	5	8	4	7
4	7	2	8	3	9	6	1	5
8	4	1	7	5	3	9	2	6
3	5	6	9	8	2	1	7	4
9	2	7	4	6	1	5	3	8
1	6	4	3	9	8	7	5	2
7	3	5	2	1	6	4	8	9
2	8	9	5	4	7	3	6	1

Solutions

No 284

4	5	1	6	9	8	2	7	3
6	9	2	5	3	7	1	4	8
7	8	3	1	4	2	6	9	5
5	2	9	4	7	1	3	8	6
1	7	6	8	2	3	4	5	9
8	3	4	9	5	6	7	2	1
2	1	5	7	6	9	8	3	4
9	6	7	3	8	4	5	1	2
3	4	8	2	1	5	9	6	7

No 285

6	8	3	7	4	5	2	9	1
9	5	1	2	3	8	7	6	4
2	4	7	1	9	6	3	5	8
1	3	5	6	8	2	4	7	9
4	2	9	3	1	7	6	8	5
7	6	8	4	5	9	1	3	2
8	7	2	5	6	1	9	4	3
3	9	6	8	2	4	5	1	7
5	1	4	9	7	3	8	2	6

No 286

7	4	8	9	5	1	2	6	3
1	9	2	4	3	6	7	5	8
3	6	5	2	8	7	1	4	9
9	7	1	5	4	2	8	3	6
4	2	3	6	7	8	5	9	1
8	5	6	1	9	3	4	7	2
2	1	4	7	6	9	3	8	5
6	8	7	3	1	5	9	2	4
5	3	9	8	2	4	6	1	7

No 287

■	★	✳	▲	◆	●	▼	✚	◗
◆	◗	◗	✚	▼	★	■	●	▲
▲	●	▼	◗	✚	■	✳	◆	★
★	✳	◆	■	◗	✚	▲	▼	●
✚	▲	●	▼	✳	◆	★	◗	■
▼	■	◗	★	●	▲	◆	✳	✚
✳	✚	■	●	★	▼	◗	▲	◆
◗	◆	▲	✚	■	✳	●	★	▼
●	▼	★	◆	▲	◗	✚	■	✳

No 288

7	6	5	9	3	1	4	2	8
9	1	3	8	2	4	7	5	6
8	4	2	6	5	7	9	3	1
4	7	8	5	1	3	2	6	9
2	3	6	7	8	9	5	1	4
1	5	9	4	6	2	8	7	3
6	9	4	1	7	5	3	8	2
5	2	1	3	9	8	6	4	7
3	8	7	2	4	6	1	9	5

No 289

2	4	9	5	8	1	6	7	3
3	7	6	2	9	4	5	1	8
8	5	1	7	6	3	9	2	4
1	8	5	4	3	9	7	6	2
9	6	2	8	7	5	3	4	1
4	3	7	1	2	6	8	9	5
6	1	3	9	4	8	2	5	7
5	2	8	6	1	7	4	3	9
7	9	4	3	5	2	1	8	6

Solutions

No 290

7	2	6	3	4	8	9	1	5
1	8	4	7	5	9	6	2	3
5	9	3	2	6	1	8	4	7
3	4	9	6	1	5	2	7	8
6	7	2	4	8	3	1	5	9
8	5	1	9	7	2	3	6	4
2	3	5	1	9	7	4	8	6
9	6	8	5	2	4	7	3	1
4	1	7	8	3	6	5	9	2

No 291

N	B	O	E	L	M	U	I	C
C	E	U	I	O	B	L	M	N
I	L	M	N	U	C	O	E	B
L	O	C	U	N	I	E	B	M
U	M	E	B	C	L	N	O	I
B	N	I	M	E	O	C	U	L
M	U	N	C	I	E	B	L	O
E	I	L	O	B	N	M	C	U
O	C	B	L	M	U	I	N	E

No 292

1	8	6	2	7	3	5	9	4
3	4	9	8	1	5	6	7	2
2	7	5	6	9	4	8	1	3
6	5	7	3	4	9	2	8	1
4	3	8	1	2	7	9	5	6
9	1	2	5	8	6	3	4	7
8	2	3	4	5	1	7	6	9
7	6	1	9	3	8	4	2	5
5	9	4	7	6	2	1	3	8

No 293

2	6	7	8	3	5	1	4	9
5	9	3	6	1	4	2	7	8
8	1	4	2	9	7	3	6	5
4	7	2	9	8	6	5	1	3
6	3	8	5	4	1	7	9	2
9	5	1	7	2	3	6	8	4
3	2	9	1	6	8	4	5	7
7	8	6	4	5	2	9	3	1
1	4	5	3	7	9	8	2	6

No 294

6	4	2	7	9	3	1	5	8
7	5	3	1	4	8	9	6	2
9	1	8	6	2	5	4	7	3
4	8	6	3	5	2	7	9	1
5	3	7	9	8	1	2	4	6
2	9	1	4	7	6	3	8	5
3	6	9	8	1	7	5	2	4
8	2	4	5	3	9	6	1	7
1	7	5	2	6	4	8	3	9

Solutions

No 295

4	10	14	13	9	8	16	15	2	3	7	6	1	12	11	5
1	8	3	12	6	4	11	14	5	10	13	15	16	9	2	7
7	16	11	5	1	2	3	13	14	9	12	4	8	6	15	10
6	2	9	15	10	5	7	12	11	1	8	16	4	14	13	3
5	11	8	3	14	16	10	1	12	7	6	2	13	4	9	15
2	7	12	1	11	3	6	4	15	13	9	5	10	8	16	14
9	13	4	10	12	7	15	5	3	8	16	14	11	2	1	6
14	15	6	16	13	9	8	2	1	11	4	10	3	7	5	12
12	5	1	4	8	10	2	11	9	14	3	13	6	15	7	16
10	3	2	7	16	1	5	9	6	4	15	12	14	13	8	11
13	9	16	14	15	6	12	7	10	2	11	8	5	3	4	1
8	6	15	11	4	14	13	3	7	16	5	1	9	10	12	2
16	14	10	6	2	12	9	8	13	15	1	11	7	5	3	4
3	12	5	2	7	11	4	16	8	6	10	9	15	1	14	13
15	4	7	8	5	13	1	10	16	12	14	3	2	11	6	9
11	1	13	9	3	15	14	6	4	5	2	7	12	16	10	8

No 296

8	14	15	1	16	3	12	7	5	6	2	4	9	10	13	11
13	5	7	9	10	15	2	11	3	14	1	16	4	6	12	8
10	2	12	6	5	14	4	8	7	13	11	9	16	15	1	3
16	4	11	3	13	1	6	9	15	10	8	12	5	2	7	14
15	3	6	14	1	12	5	13	8	11	16	2	7	4	9	10
1	16	8	13	14	4	7	6	9	15	10	5	12	3	11	2
2	7	4	11	9	16	15	10	13	1	12	3	14	8	6	5
5	10	9	12	8	11	3	2	4	7	14	6	13	16	15	1
7	15	1	4	6	10	13	12	14	2	3	8	11	5	16	9
3	13	14	8	2	7	16	15	1	5	9	11	10	12	4	6
9	6	5	16	11	8	1	3	10	12	4	15	2	13	14	7
11	12	10	2	4	9	14	5	6	16	7	13	8	1	3	15
6	9	16	10	12	5	11	4	2	3	15	14	1	7	8	13
4	8	13	15	7	2	10	16	11	9	6	1	3	14	5	12
12	1	3	7	15	13	9	14	16	8	5	10	6	11	2	4
14	11	2	5	3	6	8	1	12	4	13	7	15	9	10	16

Solutions

No 297

7	8	9	5	15	14	6	12	10	11	16	3	1	4	2	13
10	6	15	16	7	2	4	5	13	14	1	8	3	12	11	9
4	1	13	12	11	10	16	3	2	9	5	7	8	14	6	15
14	3	2	11	1	9	8	13	6	15	12	4	10	16	5	7
5	7	11	4	16	6	9	8	14	3	15	2	13	10	12	1
12	2	16	1	4	7	15	10	5	13	6	11	14	3	9	8
13	10	8	14	3	5	1	2	12	7	4	9	11	6	15	16
6	9	3	15	13	12	11	14	16	10	8	1	2	5	7	4
9	5	1	10	6	15	2	7	3	4	14	13	16	11	8	12
16	14	4	6	5	11	13	1	7	8	2	12	9	15	10	3
3	13	12	2	10	8	14	4	11	16	9	15	5	7	1	6
15	11	7	8	12	16	3	9	1	5	10	6	4	2	13	14
11	4	5	9	14	13	12	6	8	2	7	16	15	1	3	10
2	16	10	13	8	1	7	11	15	12	3	14	6	9	4	5
8	15	6	7	9	3	5	16	4	1	11	10	12	13	14	2
1	12	14	3	2	4	10	15	9	6	13	5	7	8	16	11

No 298

3	7	12	5	4	8	6	9	2	10	16	13	14	11	1	15
15	2	9	10	5	3	7	13	14	12	11	1	8	16	6	4
6	1	16	14	12	2	15	11	8	3	4	9	13	7	10	5
13	8	11	4	16	10	1	14	6	5	7	15	2	3	12	9
9	14	5	2	7	6	8	12	1	11	10	16	15	4	13	3
7	10	15	6	3	1	13	5	12	4	2	8	16	14	9	11
4	11	13	1	10	14	9	16	7	15	5	3	6	2	8	12
12	16	3	8	15	11	4	2	9	13	6	14	1	10	5	7
5	4	6	13	2	12	16	1	3	8	9	7	10	15	11	14
2	15	7	9	11	5	14	4	13	1	12	10	3	6	16	8
10	12	8	11	6	13	3	15	5	16	14	2	4	9	7	1
14	3	1	16	8	9	10	7	11	6	15	4	12	5	2	13
16	5	4	12	13	7	2	8	10	14	3	11	9	1	15	6
11	13	2	3	14	15	5	6	16	9	1	12	7	8	4	10
8	9	10	7	1	4	11	3	15	2	13	6	5	12	14	16
1	6	14	15	9	16	12	10	4	7	8	5	11	13	3	2

Solutions

No 299

15	9	3	5	4	1	2	14	7	16	13	10	12	6	11	8
4	13	12	1	8	7	11	3	14	6	5	2	10	9	15	16
6	16	11	7	13	9	15	10	4	12	3	8	1	5	2	14
14	10	8	2	12	16	6	5	15	11	1	9	7	13	3	4
10	3	6	14	11	4	5	2	13	9	8	16	15	7	12	1
16	11	5	8	9	12	3	1	10	15	7	14	4	2	6	13
2	15	13	4	7	6	16	8	12	5	11	1	3	14	9	10
7	1	9	12	15	10	14	13	6	4	2	3	16	11	8	5
8	4	14	3	6	2	1	15	5	13	10	11	9	16	7	12
12	5	15	13	3	8	4	11	9	14	16	7	2	10	1	6
1	7	10	9	14	5	12	16	2	8	6	15	11	4	13	3
11	2	16	6	10	13	7	9	1	3	4	12	5	8	14	15
3	6	1	11	5	14	10	7	8	2	15	4	13	12	16	9
5	12	4	15	16	3	9	6	11	7	14	13	8	1	10	2
13	14	2	16	1	11	8	12	3	10	9	5	6	15	4	7
9	8	7	10	2	15	13	4	16	1	12	6	14	3	5	11

No 300

10	7	16	2	5	3	12	14	13	4	15	8	6	11	1	9
8	3	1	6	10	15	16	9	2	14	5	11	13	12	7	4
11	12	4	5	8	1	13	7	16	6	10	9	15	2	14	3
9	15	14	13	2	6	4	11	3	12	7	1	5	16	10	8
14	4	5	9	3	8	15	1	10	11	2	12	7	6	13	16
1	11	3	8	14	2	7	13	5	9	16	6	4	10	15	12
16	2	15	7	4	10	6	12	14	3	8	13	9	1	11	5
13	6	12	10	16	11	9	5	1	7	4	15	3	14	8	2
3	8	2	11	15	13	1	16	9	5	12	10	14	4	6	7
15	9	10	16	6	14	5	8	4	2	11	7	12	13	3	1
7	14	6	4	11	12	2	3	8	1	13	16	10	9	5	15
5	1	13	12	9	7	10	4	6	15	14	3	16	8	2	11
4	5	8	14	1	16	3	15	12	10	6	2	11	7	9	13
12	16	7	3	13	9	11	10	15	8	1	14	2	5	4	6
6	13	9	1	7	5	14	2	11	16	3	4	8	15	12	10
2	10	11	15	12	4	8	6	7	13	9	5	1	3	16	14

Solutions

No 301

15	2	1	16	3	9	11	12	10	14	7	5	8	6	4	13
4	12	13	8	10	5	16	15	6	3	2	11	14	7	9	1
7	6	14	9	4	1	2	8	15	13	12	16	10	11	5	3
11	10	5	3	13	6	14	7	1	4	8	9	2	12	16	15
3	16	4	2	11	14	7	5	8	10	13	6	9	15	1	12
5	14	12	13	8	10	9	4	16	15	11	1	6	3	7	2
8	9	11	6	2	16	15	1	14	12	3	7	5	10	13	4
1	15	7	10	6	3	12	13	9	2	5	4	16	8	14	11
14	7	2	15	5	11	13	9	12	16	4	10	3	1	6	8
16	11	8	4	12	7	10	3	5	6	1	14	15	13	2	9
10	13	6	1	16	15	4	14	3	8	9	2	11	5	12	7
9	5	3	12	1	2	8	6	7	11	15	13	4	16	10	14
2	1	10	7	15	13	5	11	4	9	6	3	12	14	8	16
12	3	16	5	9	8	6	2	13	7	14	15	1	4	11	10
13	4	15	11	14	12	1	16	2	5	10	8	7	9	3	6
6	8	9	14	7	4	3	10	11	1	16	12	13	2	15	5

No 302

12	6	11	4	15	8	9	13	5	14	3	7	16	2	10	1
3	16	7	2	6	4	14	1	13	9	10	8	11	12	15	5
8	5	15	14	12	3	10	11	1	6	16	2	9	13	4	7
13	10	1	9	5	16	2	7	12	15	11	4	14	6	3	8
7	8	2	1	13	9	5	14	15	16	4	12	6	10	11	3
11	12	6	16	4	2	8	10	3	7	13	14	1	9	5	15
15	4	13	3	7	1	16	6	11	10	9	5	2	14	8	12
5	9	14	10	3	15	11	12	6	2	8	1	7	16	13	4
2	7	3	6	9	11	15	8	14	5	1	16	13	4	12	10
9	1	10	15	16	6	4	5	7	12	2	13	3	8	14	11
16	11	8	13	1	14	12	2	10	4	15	3	5	7	6	9
4	14	12	5	10	13	7	3	9	8	6	11	15	1	2	16
14	15	4	7	11	12	13	9	8	1	5	6	10	3	16	2
1	2	5	12	14	10	3	4	16	13	7	15	8	11	9	6
6	13	9	11	8	5	1	16	2	3	12	10	4	15	7	14
10	3	16	8	2	7	6	15	4	11	14	9	12	5	1	13

Solutions

No 303

12	11	7	5	8	2	3	9	4	16	14	15	13	1	10	6
6	3	8	1	16	10	12	4	13	5	9	11	7	15	14	2
10	4	14	16	11	13	7	15	8	1	6	2	5	12	9	3
2	15	9	13	6	14	5	1	10	12	3	7	11	4	16	8
9	14	1	7	3	11	6	2	16	10	15	5	12	8	4	13
16	2	15	12	4	9	1	8	14	13	7	6	10	3	11	5
4	8	13	6	14	5	10	7	11	3	12	9	2	16	15	1
5	10	3	11	13	16	15	12	2	4	8	1	6	9	7	14
3	7	6	9	5	8	2	10	1	14	16	12	4	11	13	15
8	12	16	14	9	3	4	6	5	15	11	13	1	7	2	10
15	13	5	2	1	12	11	16	3	7	10	4	8	14	6	9
11	1	10	4	7	15	13	14	6	9	2	8	3	5	12	16
7	6	2	3	15	1	16	11	9	8	4	10	14	13	5	12
14	16	11	8	2	4	9	5	12	6	13	3	15	10	1	7
1	9	12	15	10	6	8	13	7	11	5	14	16	2	3	4
13	5	4	10	12	7	14	3	15	2	1	16	9	6	8	11

No 304

4	6	7	15	9	3	5	10	11	12	1	8	14	16	13	2
16	13	9	12	15	8	4	2	14	7	5	10	6	11	3	1
5	14	11	3	12	16	6	1	15	4	2	13	8	10	9	7
10	8	2	1	14	11	13	7	3	6	16	9	12	15	5	4
1	2	6	10	16	9	7	14	8	11	3	4	5	13	12	15
14	5	15	8	4	1	12	3	13	9	10	7	2	6	11	16
7	9	12	16	10	5	11	13	2	15	6	1	4	3	8	14
13	11	3	4	6	2	15	8	5	16	14	12	7	9	1	10
9	3	10	14	11	12	1	5	6	8	7	16	15	4	2	13
12	15	1	7	8	13	16	9	4	2	11	5	3	14	10	6
8	16	5	11	2	6	3	4	10	13	15	14	1	12	7	9
6	4	13	2	7	10	14	15	12	1	9	3	11	8	16	5
15	10	16	9	5	14	2	6	7	3	8	11	13	1	4	12
3	7	4	13	1	15	9	11	16	5	12	6	10	2	14	8
11	12	8	6	13	7	10	16	1	14	4	2	9	5	15	3
2	1	14	5	3	4	8	12	9	10	13	15	16	7	6	11

Solutions

No 305

6	14	7	9	4	8	1	2	12	15	13	16	3	10	5	11
11	1	12	16	9	10	3	7	8	6	5	14	13	2	4	15
8	2	15	4	5	12	16	13	10	3	11	1	9	6	14	7
10	13	3	5	6	15	14	11	2	4	9	7	1	16	12	8
12	6	4	3	16	9	15	5	1	8	14	11	10	13	7	2
7	16	9	1	10	14	8	3	13	2	4	15	6	12	11	5
14	15	11	10	13	6	2	4	16	5	7	12	8	9	1	3
2	8	5	13	11	1	7	12	9	10	3	6	16	14	15	4
9	10	6	8	15	5	12	14	3	16	2	4	11	7	13	1
4	3	16	7	1	2	6	10	11	12	15	13	14	5	8	9
13	12	14	11	7	16	4	8	5	1	6	9	15	3	2	10
1	5	2	15	3	13	11	9	14	7	10	8	12	4	16	6
3	4	8	12	14	11	5	16	6	9	1	2	7	15	10	13
16	7	13	6	2	3	10	1	15	11	12	5	4	8	9	14
5	11	10	14	12	7	9	15	4	13	8	3	2	1	6	16
15	9	1	2	8	4	13	6	7	14	16	10	5	11	3	12

No 306

6	15	16	3	14	1	9	11	2	4	5	10	13	8	7	12
12	13	8	10	5	2	3	15	9	16	11	7	1	4	14	6
14	2	4	5	16	6	13	7	8	15	12	1	3	11	9	10
7	1	9	11	10	12	8	4	14	13	6	3	5	15	16	2
15	6	3	8	9	5	11	14	12	7	4	16	2	10	1	13
2	4	14	13	12	10	16	6	5	1	15	8	7	9	3	11
5	9	7	1	13	4	15	2	10	3	14	11	12	6	8	16
10	16	11	12	1	3	7	8	6	9	2	13	4	14	15	5
1	3	10	7	11	8	5	13	15	12	16	14	6	2	4	9
13	11	12	14	6	16	1	9	4	5	7	2	8	3	10	15
16	5	6	4	15	14	2	3	1	10	8	9	11	13	12	7
9	8	15	2	4	7	12	10	13	11	3	6	14	16	5	1
11	12	1	6	3	13	10	5	16	8	9	4	15	7	2	14
3	10	2	9	8	11	14	12	7	6	1	15	16	5	13	4
8	7	5	15	2	9	4	16	11	14	13	12	10	1	6	3
4	14	13	16	7	15	6	1	3	2	10	5	9	12	11	8

Solutions

No 307

14	7	2	5	12	8	10	15	9	6	1	13	3	11	4	16
3	1	15	16	9	11	13	7	8	4	14	5	6	12	2	10
8	12	6	4	16	1	14	3	11	2	15	10	9	7	5	13
11	13	10	9	4	2	6	5	7	12	3	16	1	15	14	8
2	11	3	12	5	10	15	9	6	7	4	14	13	8	16	1
1	15	16	13	6	14	7	4	2	3	11	8	12	9	10	5
10	9	4	7	2	16	11	8	13	5	12	1	14	6	3	15
5	6	8	14	3	12	1	13	10	15	16	9	11	4	7	2
7	14	13	2	15	4	12	10	3	1	8	11	16	5	6	9
9	16	5	11	8	3	2	14	12	13	10	6	4	1	15	7
15	3	1	8	13	7	16	6	5	14	9	4	2	10	12	11
6	4	12	10	11	9	5	1	15	16	7	2	8	14	13	3
16	10	9	15	7	13	4	12	1	8	6	3	5	2	11	14
4	2	11	6	10	5	8	16	14	9	13	15	7	3	1	12
12	5	14	3	1	6	9	11	16	10	2	7	15	13	8	4
13	8	7	1	14	15	3	2	4	11	5	12	10	16	9	6

No 308

3	12	8	1	11	6	10	7	13	4	15	5	2	16	9	14
10	13	7	4	2	15	8	16	3	6	14	9	5	1	12	11
15	5	2	6	4	9	14	1	11	12	16	10	13	8	7	3
16	9	11	14	12	13	3	5	7	2	1	8	10	15	6	4
12	3	6	10	5	14	11	13	15	1	8	7	16	2	4	9
4	16	15	9	7	10	1	6	2	14	12	13	3	11	8	5
8	11	1	7	3	2	12	9	5	16	10	4	15	13	14	6
13	2	14	5	16	8	15	4	6	3	9	11	7	12	10	1
9	8	12	11	10	5	2	3	1	15	7	6	4	14	16	13
1	4	10	2	13	12	7	8	16	9	11	14	6	3	5	15
7	6	13	15	14	16	4	11	10	5	3	2	8	9	1	12
5	14	3	16	9	1	6	15	8	13	4	12	11	7	2	10
2	1	5	13	8	7	9	10	14	11	6	15	12	4	3	16
6	10	4	3	1	11	13	14	12	8	2	16	9	5	15	7
14	15	16	12	6	4	5	2	9	7	13	3	1	10	11	8
11	7	9	8	15	3	16	12	4	10	5	1	14	6	13	2

Solutions

No 309

9	12	3	11	13	4	6	8	16	1	2	15	7	10	5	14
5	15	10	16	1	9	7	14	8	13	12	4	2	6	11	3
1	8	4	2	3	5	11	10	9	14	6	7	12	15	16	13
6	7	13	14	15	16	12	2	3	5	10	11	8	1	9	4
14	5	11	7	12	1	15	9	2	4	16	3	13	8	6	10
10	4	8	9	2	7	3	6	13	12	14	5	11	16	1	15
16	1	2	15	4	13	10	5	6	11	9	8	3	14	7	12
3	13	6	12	11	14	8	16	10	7	15	1	5	9	4	2
11	9	5	13	8	6	1	3	15	2	7	14	4	12	10	16
7	3	12	10	9	2	13	15	4	8	11	16	1	5	14	6
15	14	16	4	7	12	5	11	1	6	13	10	9	3	2	8
2	6	1	8	14	10	16	4	12	3	5	9	15	7	13	11
13	11	15	5	16	8	14	12	7	10	1	2	6	4	3	9
8	2	9	6	10	11	4	1	5	16	3	12	14	13	15	7
12	16	14	1	6	3	9	7	11	15	4	13	10	2	8	5
4	10	7	3	5	15	2	13	14	9	8	6	16	11	12	1

No 310

Top-left block:

6	1	2	3	4	5
3	4	5	1	6	2
5	2	6	4	1	3
4	3	1	2	5	6
1	5	3	6	2	4
2	6	4	5	3	1

Top-right block:

4	6	2	3	1	5
1	5	3	2	6	4
5	1	6	4	3	2
3	2	4	6	5	1
2	3	1	5	4	6
6	4	5	1	2	3

Middle block:

3	1	5	2	6	4
2	6	4	5	3	1
4	5	1	6	2	3
6	2	3	4	1	5
1	4	2	3	5	6
5	3	6	1	4	2

Bottom-left block:

4	6	2	1	5	3
3	5	1	2	6	4
2	4	6	3	1	5
1	3	5	4	2	6
6	1	4	5	3	2
5	2	3	6	4	1

Bottom-right block:

4	2	5	1	3	6
3	6	1	4	5	2
1	3	4	2	6	5
6	5	2	3	1	4
2	1	6	5	4	3
5	4	3	6	2	1

Solutions

No 311

```
2 6 1 5 3 4     5 2 3 4 1 6
3 4 5 1 6 2     4 1 6 3 2 5
5 3 4 6 2 1     3 6 2 5 4 1
6 1 2 4 5 3     1 5 4 2 6 3
1 5 3 2 4 6     2 3 1 6 5 4
4 2 6 3 1 5 2 3 6 4 5 1 3 2
          6 4 3 5 2 1
          4 6 5 1 3 2
          2 3 1 4 5 6
          5 1 6 2 4 3
6 5 4 1 3 2 4 6 1 5 6 4 3 2
2 3 1 4 5 6     4 3 2 6 1 5
3 1 6 2 4 5     3 2 5 1 6 4
4 2 5 6 1 3     6 4 1 5 2 3
5 4 2 3 6 1     5 1 3 2 4 6
1 6 3 5 2 4     2 6 4 3 5 1
```

No 312

```
4 2 5 3 6 1     1 5 4 3 6 2
3 1 6 4 5 2     6 2 3 1 5 4
6 3 2 1 4 5     4 1 5 6 2 3
5 4 1 2 3 6     2 3 6 5 4 1
2 5 3 6 1 4     3 6 2 4 1 5
1 6 4 5 2 3 1 6 5 4 1 2 3 6
          6 5 4 2 3 1
          4 1 5 3 6 2
          3 6 2 1 4 5
          5 2 3 4 1 6
2 3 6 5 1 4 6 5 2 3 4 1 6 5
1 4 5 6 2 3     5 6 1 2 4 3
5 6 1 4 3 2     6 1 3 4 5 2
3 2 4 1 5 6     4 5 2 3 1 6
6 5 2 3 4 1     3 4 5 6 2 1
4 1 3 2 6 5     1 2 6 5 3 4
```

Solutions

No 313

Top left grid

3	2	1	6	5	4
6	4	5	3	2	1
4	1	6	2	3	5
2	5	3	1	4	6
1	3	4	5	6	2
5	6	2	4	1	3

Top right grid

5	2	1	4	3	6
4	6	3	2	5	1
2	1	4	3	6	5
3	5	6	1	2	4
1	3	5	6	4	2
6	4	2	5	1	3

Middle grid

1	3	5	2	6	4
6	2	4	1	5	3
5	6	3	4	1	2
2	4	1	5	3	6
4	1	6	3	2	5
3	5	2	6	4	1

Bottom left grid

4	2	6	1	3	5
3	5	1	4	6	2
2	6	4	3	5	1
5	1	3	2	4	6
1	4	5	6	2	3
6	3	2	5	1	4

Bottom right grid

4	1	6	5	2	3
3	5	2	6	1	4
1	2	4	3	6	5
5	6	3	2	4	1
6	3	1	4	5	2
2	4	5	1	3	6

No 314

Top left grid

5	2	6	3	4	1
1	3	4	5	6	2
4	1	2	6	3	5
6	5	3	2	1	4
2	6	1	4	5	3
3	4	5	1	2	6

Top right grid

1	5	4	3	2	6
2	6	3	4	1	5
4	2	5	1	6	3
6	3	1	2	5	4
3	1	6	5	4	2
5	4	2	6	3	1

Middle grid

2	6	3	1	5	4
1	4	5	2	3	6
6	3	2	4	1	5
5	1	4	6	2	3
4	5	1	3	6	2
3	2	6	5	4	1

Bottom left grid

5	1	6	4	3	2
4	3	2	6	5	1
6	5	1	2	4	3
2	4	3	1	6	5
3	2	4	5	1	6
1	6	5	3	2	4

Bottom right grid

4	1	3	5	6	2
2	6	5	4	1	3
6	3	4	2	5	1
1	5	2	6	3	4
3	2	6	1	4	5
5	4	1	3	2	6

Solutions

No 315

1	4	3	2	6	5
2	6	5	1	4	3
5	3	6	4	2	1
4	1	2	5	3	6
6	5	4	3	1	2
3	2	1	6	5	4

1	4	3	6	5	2
6	5	2	1	4	3
2	3	5	4	1	6
4	6	1	2	3	5
5	2	4	3	6	1
3	1	6	5	2	4

6	2

1	2	3	6	4	5
4	6	5	3	1	2
2	3	1	4	5	6
3	5	2	1	6	4

4	3	2	5	6	1
5	6	1	2	4	3
3	2	4	1	5	6
6	1	5	4	3	2
1	5	3	6	2	4
2	4	6	3	1	5

4	5

2	3	5	4	6	1
1	6	4	5	3	2
4	5	6	2	1	3
3	1	2	6	5	4
5	2	3	1	4	6
6	4	1	3	2	5

No 316

3	1	2	6	5	4
4	5	6	3	2	1
2	3	5	1	4	6
1	6	4	2	3	5
6	4	3	5	1	2
5	2	1	4	6	3

1	5	2	6	4	3
4	6	3	5	2	1
5	1	6	2	3	4
3	2	4	1	6	5
6	3	5	4	1	2
2	4	1	3	5	6

1	5

5	2	4	6	1	3
2	6	3	4	5	1
4	1	5	2	3	6
3	4	2	1	6	5

4	3	6	2	1	5
1	2	5	3	6	4
3	1	4	5	2	6
6	5	2	1	4	3
2	4	3	6	5	1
5	6	1	4	3	2

6	3

4	2	3	5	6	1
6	5	1	2	3	4
1	4	5	3	2	6
3	6	2	4	1	5
2	1	4	6	5	3
5	3	6	1	4	2

Solutions

No 317

5	4	3	2	6	1		3	5	6	1	4	2
2	1	6	4	5	3		4	1	2	6	3	5
4	3	2	5	1	6		5	6	1	3	2	4
1	6	5	3	2	4		2	3	4	5	1	6
3	2	1	6	4	5		1	2	5	4	6	3
6	5	4	1	3	2		6	4	3	2	5	1

Central block:

3	2	5	1	6	4
1	4	6	2	3	5
2	3	4	5	1	6
6	5	1	4	2	3
4	1	3	6	5	2
5	6	2	3	4	1

1	2	3	4	5	6		4	1	3	6	5	2
5	4	6	1	2	3		2	5	6	3	1	4
6	5	4	3	1	2		3	6	1	2	4	5
2	3	1	6	4	5		5	4	2	1	6	3
4	6	5	2	3	1		6	2	4	5	3	1
3	1	2	5	6	4		1	3	5	4	2	6

No 318

4	5	2	3	6	1		5	6	2	3	1	4
3	6	1	2	5	4		3	1	4	5	6	2
5	4	3	1	2	6		6	2	3	1	4	5
1	2	6	5	4	3		1	4	5	6	2	3
2	1	4	6	3	5		2	3	1	4	5	6
6	3	5	4	1	2		4	5	6	2	3	1

Central block:

1	2	6	3	4	5
5	3	4	2	6	1
2	6	1	4	5	3
4	5	3	6	1	2
3	4	5	1	2	6
6	1	2	5	3	4

2	3	4	5	6	1		3	4	1	2	5	6
1	5	6	3	4	2		2	5	6	3	4	1
6	1	5	2	3	4		5	2	4	1	6	3
4	2	3	6	1	5		1	6	3	5	2	4
5	6	1	4	2	3		4	3	2	6	1	5
3	4	2	1	5	6		6	1	5	4	3	2

Solutions

No 319

6	1	3	4	5	2
5	2	4	6	1	3
4	5	2	3	6	1
3	6	1	5	2	4
2	3	5	1	4	6
1	4	6	2	3	5

5	4	2	6	3	1
1	6	3	2	4	5
3	5	1	4	2	6
6	2	4	5	1	3
4	3	5	1	6	2
2	1	6	3	5	4

Connecting row (top): 1 4 6 2 | **3 5** | 6 4 | **2 1** | 6 3 5 4

4	2	1	3	5	6
1	6	2	5	4	3
5	4	3	1	6	2
6	1	5	2	3	4

Connecting row (bottom): 5 4 1 6 | **2 3** | 4 6 | **1 5** | 6 3 2 4

5	4	1	6	2	3
2	3	6	1	4	5
6	5	4	3	1	2
1	2	3	4	5	6
3	1	2	5	6	4
4	6	5	2	3	1

1	5	6	3	2	4
3	4	2	1	5	6
6	3	5	2	4	1
2	1	4	5	6	3
4	2	3	6	1	5
5	6	1	4	3	2

No 320

4	3	2	6	5	1
1	6	5	2	3	4
5	1	3	4	6	2
2	4	6	3	1	5
6	5	4	1	2	3
3	2	1	5	4	6

2	5	1	4	6	3
6	4	3	2	1	5
4	1	5	6	3	2
3	2	6	5	4	1
1	6	2	3	5	4
5	3	4	1	2	6

Connecting row (top): 3 2 1 5 | **4 6** | 1 2 | **5 3** | 4 1 2 6

2	5	3	1	6	4
5	3	2	4	1	6
1	4	6	3	2	5
3	1	5	6	4	2

Connecting row (bottom): 3 1 4 5 | **6 2** | 4 5 | **3 1** | 5 2 6 4

3	1	4	5	6	2
5	6	2	4	3	1
2	3	5	6	1	4
1	4	6	2	5	3
6	2	1	3	4	5
4	5	3	1	2	6

3	1	5	2	6	4
4	6	2	5	1	3
1	5	6	3	4	2
2	3	4	6	5	1
5	4	3	1	2	6
6	2	1	4	3	5

Solutions

No 321

2	6	3	1	4	5		2	6	5	3	1	4
4	5	1	3	2	6		3	1	4	6	5	2
1	3	2	5	6	4		5	2	6	1	4	3
5	4	6	2	1	3		4	3	1	2	6	5
3	2	4	6	5	1		1	4	2	5	3	6
6	1	5	4	3	2	4	1	6	5	3	4	2	1

				1	5	6	4	3	2
				6	3	1	5	2	4
				5	4	2	6	1	3
				2	1	5	3	4	6

5	3	1	2	4	6	3	2	5	1	2	3	6	4
6	2	4	3	1	5			3	4	6	2	5	1
1	5	6	4	2	3			4	6	5	1	2	3
2	4	3	5	6	1			2	3	1	6	4	5
3	1	2	6	5	4			1	2	4	5	3	6
4	6	5	1	3	2			6	5	3	4	1	2

No 322

1	4	3	2	6	5		1	3	5	6	2	4
6	5	2	1	3	4		6	4	2	1	5	3
3	2	4	6	5	1		4	5	1	3	6	2
5	1	6	4	2	3		3	2	6	4	1	5
4	6	5	3	1	2		2	6	3	5	4	1
2	3	1	5	4	6	3	2	5	1	4	2	3	6

				2	1	5	3	6	4
				1	2	4	5	3	6
				3	5	6	1	4	2
				5	4	2	6	1	3

1	4	5	2	6	3	1	4	2	5	4	1	3	6
2	6	3	5	1	4			1	6	3	5	2	4
3	1	2	6	4	5			6	4	1	2	5	3
4	5	6	3	2	1			5	3	2	6	4	1
6	3	1	4	5	2			4	2	6	3	1	5
5	2	4	1	3	6			3	1	5	4	6	2

Solutions

No 323

7	9	2	8	6	5	3	4	1
6	3	4	2	7	1	9	8	5
1	5	8	4	9	3	2	6	7
8	6	5	1	4	2	7	9	3
4	7	9	3	5	6	1	2	8
2	1	3	7	8	9	4	5	6
5	2	6	9	1	7	8	3	4
3	4	1	6	2	8	5	7	9
9	8	7	5	3	4	6	1	2

No 324

8	7	5	3	2	4	6	9	1
6	4	3	1	9	7	8	2	5
1	9	2	5	6	8	4	7	3
9	8	6	7	5	1	2	3	4
7	3	1	8	4	2	9	5	6
5	2	4	9	3	6	7	1	8
3	5	8	6	7	9	1	4	2
4	6	9	2	1	3	5	8	7
2	1	7	4	8	5	3	6	9

No 325

5	9	6	2	1	4	8	7	3
8	7	2	3	5	9	4	6	1
1	4	3	7	8	6	5	9	2
6	8	1	4	7	2	9	3	5
7	2	4	5	9	3	6	1	8
9	3	5	8	6	1	7	2	4
2	5	8	9	3	7	1	4	6
3	1	7	6	4	5	2	8	9
4	6	9	1	2	8	3	5	7

No 326

8	3	1	5	9	6	7	2	4
2	5	9	3	7	4	1	8	6
4	7	6	8	2	1	5	9	3
9	2	7	1	3	8	4	6	5
1	8	5	4	6	9	3	7	2
6	4	3	7	5	2	9	1	8
3	6	2	9	1	5	8	4	7
5	9	4	2	8	7	6	3	1
7	1	8	6	4	3	2	5	9

No 327

●	◆	✳	◗	✚	■	▼	▲	★
✚	★	◗	●	▲	▼	■	◆	✳
▼	■	▲	◆	✳	★	◗	✚	●
■	◗	✚	▲	★	◆	✳	●	▼
✳	▼	●	■	◗	✚	▲	★	◆
★	▲	◆	✳	▼	●	✚	■	◗
▲	✚	★	▼	◆	✳	●	◗	■
◗	✳	■	★	●	▲	◆	▼	✚
◆	●	▼	✚	■	◗	★	✳	▲

No 328

1	7	8	4	5	2	9	6	3
6	5	2	8	3	9	4	7	1
3	9	4	7	1	6	5	8	2
8	6	9	1	4	3	2	5	7
2	4	5	9	8	7	1	3	6
7	3	1	2	6	5	8	4	9
4	1	7	6	9	8	3	2	5
9	2	3	5	7	4	6	1	8
5	8	6	3	2	1	7	9	4

Solutions

No 329

9	5	6	1	2	7	3	8	4
3	7	2	4	9	8	1	5	6
8	4	1	3	5	6	2	7	9
6	9	8	2	1	3	7	4	5
7	2	5	8	6	4	9	3	1
1	3	4	9	7	5	6	2	8
2	6	3	5	4	9	8	1	7
5	8	7	6	3	1	4	9	2
4	1	9	7	8	2	5	6	3

No 330

5	3	8	9	7	4	1	6	2
9	6	4	1	5	2	8	3	7
1	7	2	6	3	8	5	9	4
6	8	1	5	4	3	2	7	9
3	2	5	7	9	1	6	4	8
7	4	9	8	2	6	3	1	5
2	1	6	4	8	7	9	5	3
8	9	7	3	6	5	4	2	1
4	5	3	2	1	9	7	8	6

No 331

G	F	E	T	R	S	O	H	I
T	H	R	G	O	I	F	S	E
O	S	I	F	H	E	R	G	T
S	I	H	R	F	G	E	T	O
E	T	F	O	S	H	I	R	G
R	O	G	E	I	T	H	F	S
F	R	S	I	G	O	T	E	H
H	E	O	S	T	R	G	I	F
I	G	T	H	E	F	S	O	R

No 332

3	2	4	5	6	9	8	1	7
9	1	7	2	8	3	4	5	6
8	5	6	4	7	1	9	3	2
4	6	9	1	5	2	3	7	8
5	7	8	6	3	4	2	9	1
2	3	1	8	9	7	5	6	4
1	4	3	9	2	6	7	8	5
6	9	5	7	4	8	1	2	3
7	8	2	3	1	5	6	4	9

No 333

8	2	9	5	1	7	4	6	3
1	7	5	3	4	6	9	2	8
6	3	4	2	9	8	7	5	1
5	4	1	7	3	9	2	8	6
7	6	8	1	2	5	3	9	4
3	9	2	6	8	4	5	1	7
2	5	3	4	6	1	8	7	9
4	8	6	9	7	2	1	3	5
9	1	7	8	5	3	6	4	2

No 334

9	7	2	3	8	4	5	1	6
4	1	6	5	9	2	8	7	3
5	3	8	1	6	7	4	9	2
3	9	4	6	2	1	7	8	5
8	6	5	4	7	9	2	3	1
1	2	7	8	5	3	9	6	4
6	4	9	2	3	8	1	5	7
7	5	1	9	4	6	3	2	8
2	8	3	7	1	5	6	4	9

Solutions

No 335

5	3	1	8	2	9	4	6	7
4	7	2	5	6	3	8	1	9
6	9	8	4	1	7	3	5	2
9	1	3	6	4	8	7	2	5
7	6	4	2	9	5	1	3	8
2	8	5	7	3	1	9	4	6
1	5	7	3	8	6	2	9	4
3	2	6	9	7	4	5	8	1
8	4	9	1	5	2	6	7	3

No 336

8	6	3	9	2	4	1	5	7
4	7	9	3	1	5	2	8	6
2	5	1	6	7	8	3	4	9
7	1	6	5	8	3	4	9	2
5	3	4	2	9	6	8	7	1
9	8	2	7	4	1	5	6	3
6	4	8	1	3	7	9	2	5
1	9	7	4	5	2	6	3	8
3	2	5	8	6	9	7	1	4

No 337

5	6	9	8	4	2	7	3	1
8	3	4	9	1	7	5	6	2
1	7	2	3	5	6	8	4	9
3	8	6	7	2	1	9	5	4
2	5	1	4	3	9	6	7	8
9	4	7	6	8	5	2	1	3
4	9	5	1	7	8	3	2	6
7	1	8	2	6	3	4	9	5
6	2	3	5	9	4	1	8	7

No 338

8	2	7	4	3	5	9	6	1
9	3	1	6	8	2	4	5	7
4	6	5	7	1	9	3	2	8
6	4	2	3	5	7	8	1	9
3	1	9	8	2	6	7	4	5
5	7	8	1	9	4	6	3	2
7	5	3	9	4	1	2	8	6
2	8	6	5	7	3	1	9	4
1	9	4	2	6	8	5	7	3

No 339

6	9	8	2	3	4	1	5	7
3	5	1	6	7	9	8	2	4
2	4	7	8	1	5	6	3	9
8	2	5	3	9	1	7	4	6
1	3	4	7	6	2	9	8	5
7	6	9	5	4	8	2	1	3
4	8	2	9	5	7	3	6	1
9	1	3	4	2	6	5	7	8
5	7	6	1	8	3	4	9	2

No 340

1	5	9	6	3	2	4	8	7
7	8	4	1	9	5	6	2	3
3	6	2	8	4	7	9	1	5
5	7	8	2	1	4	3	9	6
9	4	1	3	8	6	7	5	2
2	3	6	5	7	9	8	4	1
4	2	7	9	5	3	1	6	8
6	1	3	4	2	8	5	7	9
8	9	5	7	6	1	2	3	4

Solutions

No 341

5	1	2	4	9	6	8	3	7
6	9	4	8	7	3	1	2	5
7	3	8	1	5	2	6	9	4
4	6	9	2	3	5	7	1	8
1	5	7	9	8	4	2	6	3
8	2	3	6	1	7	5	4	9
9	4	1	7	6	8	3	5	2
3	7	6	5	2	9	4	8	1
2	8	5	3	4	1	9	7	6

No 342

T	D	R	S	U	O	C	E	N
N	S	E	R	C	T	D	U	O
O	C	U	N	E	D	T	S	R
U	T	C	O	N	R	S	D	E
D	R	O	E	T	S	N	C	U
E	N	S	C	D	U	R	O	T
S	E	D	T	O	N	U	R	C
R	O	T	U	S	C	E	N	D
C	U	N	D	R	E	O	T	S

No 343

1	5	9	7	2	3	6	8	4
4	2	8	1	6	5	3	7	9
3	6	7	8	9	4	5	1	2
8	3	6	2	1	7	9	4	5
2	1	4	5	8	9	7	6	3
7	9	5	4	3	6	8	2	1
6	7	1	9	5	2	4	3	8
5	4	2	3	7	8	1	9	6
9	8	3	6	4	1	2	5	7

No 344

3	6	9	1	7	2	5	8	4
8	2	7	5	9	4	1	3	6
5	4	1	3	8	6	7	2	9
9	5	4	2	6	1	3	7	8
7	8	6	9	5	3	4	1	2
1	3	2	8	4	7	9	6	5
2	9	5	7	1	8	6	4	3
4	7	8	6	3	5	2	9	1
6	1	3	4	2	9	8	5	7

No 345

5	2	4	8	7	6	9	1	3
8	7	6	3	1	9	2	4	5
9	1	3	2	5	4	6	7	8
2	4	5	1	8	3	7	6	9
1	9	7	4	6	5	3	8	2
3	6	8	7	9	2	1	5	4
6	3	1	9	4	8	5	2	7
4	5	9	6	2	7	8	3	1
7	8	2	5	3	1	4	9	6

No 346

4	5	8	2	3	7	6	1	9
9	3	6	5	4	1	2	8	7
2	7	1	6	9	8	4	3	5
6	8	3	1	5	9	7	2	4
7	1	4	3	6	2	9	5	8
5	2	9	7	8	4	1	6	3
1	9	7	8	2	5	3	4	6
3	4	5	9	1	6	8	7	2
8	6	2	4	7	3	5	9	1

Solutions

No 347

9	8	3	5	6	7	1	2	4
6	4	5	1	3	2	8	9	7
7	1	2	8	4	9	5	3	6
2	3	6	7	1	5	9	4	8
8	5	7	2	9	4	3	6	1
4	9	1	6	8	3	2	7	5
5	7	4	9	2	1	6	8	3
1	2	8	3	7	6	4	5	9
3	6	9	4	5	8	7	1	2

No 348

1	7	8	6	5	4	2	3	9
2	5	9	8	7	3	4	1	6
6	3	4	2	1	9	5	7	8
9	8	5	4	2	1	3	6	7
7	2	3	9	6	5	1	8	4
4	6	1	3	8	7	9	2	5
8	4	2	5	3	6	7	9	1
3	9	7	1	4	8	6	5	2
5	1	6	7	9	2	8	4	3

No 349

9	6	2	4	8	7	3	1	5
3	1	5	9	2	6	8	7	4
7	4	8	3	1	5	2	6	9
1	5	3	7	6	8	9	4	2
2	8	4	1	9	3	6	5	7
6	7	9	5	4	2	1	3	8
8	9	7	6	3	4	5	2	1
5	2	6	8	7	1	4	9	3
4	3	1	2	5	9	7	8	6

No 350

3	1	4	9	5	7	2	8	6
5	2	8	6	3	1	7	4	9
6	7	9	8	4	2	5	1	3
7	9	5	1	2	6	4	3	8
2	4	3	5	9	8	1	6	7
1	8	6	4	7	3	9	2	5
9	5	1	3	6	4	8	7	2
8	6	2	7	1	5	3	9	4
4	3	7	2	8	9	6	5	1

No 351

2	6	8	7	3	4	9	1	5
7	9	4	5	2	1	3	8	6
5	3	1	8	6	9	2	7	4
8	7	2	9	1	6	4	5	3
9	5	6	4	7	3	8	2	1
4	1	3	2	5	8	6	9	7
1	4	7	3	8	2	5	6	9
3	8	5	6	9	7	1	4	2
6	2	9	1	4	5	7	3	8

No 352

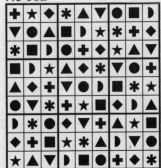

Solutions

No 353

N	G	L	U	B	I	T	M	S
M	S	U	L	T	N	B	I	G
T	I	B	S	G	M	U	N	L
L	M	T	G	N	B	I	S	U
I	U	N	T	L	S	M	G	B
G	B	S	I	M	U	N	L	T
S	N	M	B	U	G	L	T	I
U	T	I	M	S	L	G	B	N
B	L	G	N	I	T	S	U	M

No 354

1	9	4	5	6	7	3	2	8
3	5	7	8	4	2	9	6	1
6	8	2	9	3	1	5	4	7
8	6	9	1	7	4	2	3	5
7	4	5	2	9	3	1	8	6
2	1	3	6	8	5	4	7	9
9	7	1	3	2	6	8	5	4
4	3	8	7	5	9	6	1	2
5	2	6	4	1	8	7	9	3

No 355

2	1	6	4	7	9	5	3	8
7	9	3	8	2	5	1	6	4
4	5	8	6	3	1	2	9	7
5	8	2	9	1	4	3	7	6
1	3	7	2	8	6	9	4	5
9	6	4	3	5	7	8	1	2
8	2	9	7	4	3	6	5	1
3	7	5	1	6	8	4	2	9
6	4	1	5	9	2	7	8	3

No 356

3	1	7	6	4	8	9	5	2
4	9	8	5	2	7	1	6	3
6	5	2	3	9	1	4	7	8
7	6	5	9	8	2	3	1	4
8	3	1	4	6	5	2	9	7
2	4	9	1	7	3	6	8	5
9	7	6	8	3	4	5	2	1
5	8	4	2	1	9	7	3	6
1	2	3	7	5	6	8	4	9

No 357

4	6	2	1	5	7	3	8	9
3	7	1	8	4	9	5	2	6
8	5	9	2	3	6	1	4	7
2	4	7	6	9	3	8	5	1
9	1	3	5	7	8	2	6	4
5	8	6	4	2	1	9	7	3
7	2	5	9	1	4	6	3	8
1	3	8	7	6	2	4	9	5
6	9	4	3	8	5	7	1	2

No 358

9	6	1	4	8	7	3	5	2
3	8	7	2	6	5	4	1	9
5	4	2	1	3	9	6	7	8
7	5	3	8	1	4	2	9	6
4	9	8	6	5	2	7	3	1
2	1	6	7	9	3	8	4	5
6	7	9	5	4	8	1	2	3
8	3	4	9	2	1	5	6	7
1	2	5	3	7	6	9	8	4

Solutions

No 359

2	1	9	3	7	5	4	6	8
3	7	6	9	8	4	2	1	5
5	4	8	2	1	6	7	9	3
4	5	3	1	9	2	6	8	7
7	9	1	6	5	8	3	4	2
8	6	2	7	4	3	9	5	1
1	2	4	5	3	9	8	7	6
9	3	5	8	6	7	1	2	4
6	8	7	4	2	1	5	3	9

No 360

4	5	9	1	3	2	8	6	7
1	8	3	5	7	6	2	4	9
2	6	7	9	4	8	5	3	1
8	1	2	6	5	4	9	7	3
3	9	4	7	8	1	6	2	5
6	7	5	2	9	3	1	8	4
7	2	8	4	1	9	3	5	6
9	4	6	3	2	5	7	1	8
5	3	1	8	6	7	4	9	2

No 361

2	4	3	8	7	6	1	9	5
7	8	5	9	1	4	2	3	6
1	9	6	5	3	2	8	4	7
4	2	9	7	5	8	6	1	3
5	1	7	6	4	3	9	8	2
6	3	8	1	2	9	5	7	4
9	5	4	3	6	1	7	2	8
3	6	1	2	8	7	4	5	9
8	7	2	4	9	5	3	6	1

No 362

4	1	8	7	3	5	9	6	2
2	9	5	8	6	4	3	7	1
7	3	6	9	2	1	5	4	8
5	7	4	3	8	9	2	1	6
8	2	1	5	7	6	4	3	9
9	6	3	4	1	2	7	8	5
6	8	7	2	9	3	1	5	4
1	4	9	6	5	7	8	2	3
3	5	2	1	4	8	6	9	7

No 363

2	9	3	7	4	8	5	1	6
7	6	8	3	1	5	4	2	9
4	1	5	6	9	2	3	7	8
1	2	9	4	8	6	7	3	5
6	8	7	1	5	3	9	4	2
3	5	4	9	2	7	6	8	1
5	3	1	2	7	9	8	6	4
9	7	2	8	6	4	1	5	3
8	4	6	5	3	1	2	9	7

No 364

B	R	S	Q	I	T	U	E	O
T	O	E	U	R	S	Q	I	B
I	Q	U	B	E	O	S	T	R
U	I	R	T	O	Q	B	S	E
O	T	B	I	S	E	R	Q	U
S	E	Q	R	U	B	I	O	T
Q	S	T	O	B	U	E	R	I
R	B	O	E	Q	I	T	U	S
E	U	I	S	T	R	O	B	Q

Solutions

No 365

3	1	8	6	7	5	2	9	4
7	2	9	8	3	4	1	6	5
4	5	6	9	1	2	8	7	3
8	4	2	3	6	1	9	5	7
9	3	1	2	5	7	4	8	6
6	7	5	4	9	8	3	1	2
5	8	7	1	4	3	6	2	9
2	9	4	7	8	6	5	3	1
1	6	3	5	2	9	7	4	8

No 366

9	1	8	2	6	7	4	5	3
5	7	2	8	3	4	9	1	6
4	6	3	1	9	5	2	8	7
1	8	5	6	4	9	3	7	2
7	2	4	3	8	1	5	6	9
6	3	9	7	5	2	1	4	8
3	4	1	9	7	6	8	2	5
2	9	7	5	1	8	6	3	4
8	5	6	4	2	3	7	9	1

No 367

2	8	7	6	3	9	4	5	1
5	1	6	7	4	8	3	9	2
9	4	3	1	5	2	6	7	8
7	5	1	4	8	6	2	3	9
3	6	9	2	1	5	8	4	7
4	2	8	3	9	7	5	1	6
1	7	2	5	6	4	9	8	3
8	3	5	9	2	1	7	6	4
6	9	4	8	7	3	1	2	5

No 368

3	8	2	6	9	5	4	7	1
5	9	7	2	4	1	8	3	6
6	1	4	8	3	7	9	2	5
9	2	3	1	7	4	6	5	8
1	5	8	3	6	2	7	4	9
4	7	6	5	8	9	2	1	3
8	4	1	9	2	3	5	6	7
2	3	9	7	5	6	1	8	4
7	6	5	4	1	8	3	9	2

No 369

4	2	8	9	5	1	6	7	3
3	5	9	2	6	7	1	8	4
7	1	6	3	8	4	2	9	5
9	4	3	7	1	6	5	2	8
8	6	1	5	3	2	9	4	7
5	7	2	4	9	8	3	1	6
2	8	5	6	7	9	4	3	1
6	9	7	1	4	3	8	5	2
1	3	4	8	2	5	7	6	9

No 370

6	3	4	8	9	1	7	5	2
8	1	7	3	5	2	4	6	9
5	2	9	4	7	6	1	8	3
2	4	6	9	3	5	8	7	1
9	5	1	7	2	8	6	3	4
3	7	8	6	1	4	2	9	5
7	8	3	2	4	9	5	1	6
4	6	5	1	8	3	9	2	7
1	9	2	5	6	7	3	4	8

Solutions

No 371

6	8	2	3	1	4	5	9	7
5	9	1	7	2	6	8	4	3
3	7	4	9	5	8	6	1	2
2	4	3	1	6	5	9	7	8
8	1	5	2	7	9	4	3	6
9	6	7	4	8	3	1	2	5
7	3	8	5	4	1	2	6	9
1	2	6	8	9	7	3	5	4
4	5	9	6	3	2	7	8	1

No 372

6	3	5	2	8	1	7	4	9
7	8	2	9	6	4	3	5	1
1	9	4	7	3	5	2	8	6
2	4	3	8	9	7	1	6	5
8	5	7	3	1	6	4	9	2
9	6	1	4	5	2	8	7	3
5	7	9	1	2	8	6	3	4
4	2	6	5	7	3	9	1	8
3	1	8	6	4	9	5	2	7

No 373

5	9	3	6	8	7	4	2	1
2	8	6	4	1	3	5	7	9
7	1	4	2	5	9	3	8	6
4	3	9	8	2	6	1	5	7
8	2	1	7	3	5	6	9	4
6	7	5	1	9	4	8	3	2
3	4	2	5	7	1	9	6	8
1	5	7	9	6	8	2	4	3
9	6	8	3	4	2	7	1	5

No 374

2	7	8	5	4	1	9	6	3
4	1	9	6	7	3	2	8	5
3	6	5	2	8	9	4	7	1
8	5	3	1	2	7	6	4	9
7	4	1	9	6	8	5	3	2
6	9	2	3	5	4	8	1	7
5	2	4	7	1	6	3	9	8
9	8	7	4	3	5	1	2	6
1	3	6	8	9	2	7	5	4

No 375

R	E	N	L	G	M	B	T	I
T	L	I	B	R	N	M	G	E
M	G	B	T	I	E	N	R	L
E	B	G	N	T	R	I	L	M
N	T	M	I	B	L	R	E	G
L	I	R	M	E	G	T	B	N
G	M	T	R	L	I	E	N	B
B	N	E	G	M	T	L	I	R
I	R	L	E	N	B	G	M	T

No 376

9	2	6	1	8	4	7	5	3
3	5	8	6	7	9	4	2	1
4	7	1	2	5	3	9	6	8
1	3	2	8	9	5	6	7	4
8	4	5	7	6	1	3	9	2
6	9	7	3	4	2	8	1	5
2	1	4	9	3	7	5	8	6
5	8	9	4	1	6	2	3	7
7	6	3	5	2	8	1	4	9

Solutions

No 377

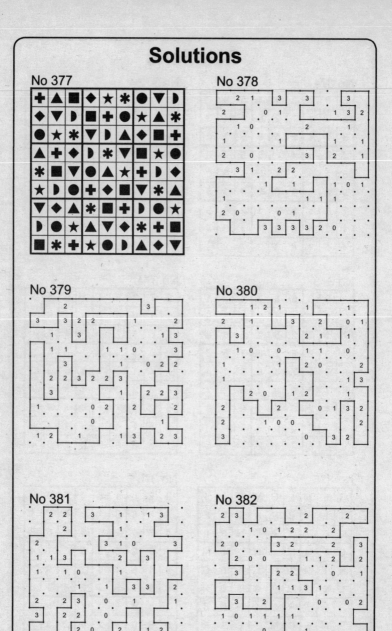

No 378

No 379

No 380

No 381

No 382

Solutions

No 383

No 384

No 385

No 386

No 387

No 388

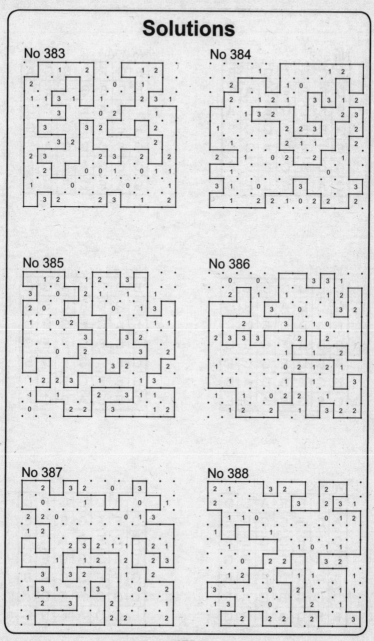

Solutions

No 389

F	C	D	A	G	E	B
D	E	B	F	C	A	G
B	F	C	D	E	G	A
A	B	E	G	D	C	F
E	G	F	B	A	D	C
G	D	A	C	F	B	E
C	A	G	E	B	F	D

No 390

E	C	F	D	B	G	A
F	D	B	G	A	E	C
B	G	A	E	C	F	D
A	E	C	F	D	B	G
C	F	D	B	G	A	E
D	B	G	A	E	C	F
G	A	E	C	F	D	B

No 391

D	E	C	G	B	F	A
G	C	E	A	F	B	D
F	A	B	D	E	G	C
B	D	A	F	C	E	G
A	B	D	E	G	C	F
E	G	F	C	D	A	B
C	F	G	B	A	D	E

No 392

B	D	G	F	A	C	E
E	G	D	B	C	F	A
F	A	C	E	G	B	D
A	C	F	D	B	E	G
G	F	A	C	E	D	B
D	B	E	G	F	A	C
C	E	B	A	D	G	F

No 393

G	B	E	F	A	C	D
A	D	F	G	C	B	E
C	F	B	D	G	E	A
B	A	C	E	D	F	G
E	G	A	C	F	D	B
D	C	G	B	E	A	F
F	E	D	A	B	G	C

No 394

A	B	C	E	G	F	D
D	F	A	G	B	C	E
B	D	E	C	A	G	F
F	A	G	B	D	E	C
G	E	F	D	C	A	B
C	G	B	F	E	D	A
E	C	D	A	F	B	G

Solutions

No 395

C	G	B	F	E	A	D
A	D	G	C	F	E	B
F	B	A	E	C	D	G
D	C	E	B	A	G	F
B	E	F	D	G	C	A
E	A	D	G	B	F	C
G	F	C	A	D	B	E

No 396

No 397

No 398

Solutions

No 399

No 400

No 401

No 402

Solutions

No 403

33	3	9	6	7	8	30	8	6	7	9
16	1	6	3	2	4	11	5	1	2	3
10	2	3	1	4	28	2	5	8		
6	8	5	9	7	38	8	4	9	6	
7	1	4	2	10	6	9	7	3	8	5
41	2	7	4	9	5	8	6	7	6	1
8	3	5	7	1	2	4	12		34	22
3	27	8	3	1	4	22	1	5		
4	1	3	15	2	4	6	8	5	7	9
26	2	9	4	3	1	7	12	1	3	8
20	7	4	2	1	11	3	1	2	5	22
6	3	2	1	6	21	3	4	6	8	
14	8	1	3	2	35	5	6	7	8	9
29	9	8	5	7	15	1	2	3	4	5

No 404

33	9	6	8	7	3	17	3	6	7	1
16	4	3	6	1	2	28	4	8	9	7
12	23	9	3	1	11	1	3	5	2	
9	1	8	8	9	5	14	5	9	12	22
34	8	9	7	6	4	6	6	7	8	9
12	3	6	1	2	19	1	2	4	3	5
24	6	42	8	9	2	36	2	1	8	
20	9	3	8	22	8	3	9	7	22	10
18	8	1	4	3	2	30	8	6	9	7
13	7	2	3	1	16	4	3	1	6	2
22	12	7	5	16	9	7	8	7	1	
28	8	4	9	7	6	1	2	3	6	15
14	5	1	6	2	34	7	6	8	4	9
20	9	2	5	4	26	8	1	9	2	6

No 405

16	6	1	3	4	2	29	7	8	9	5
33	9	3	7	8	6	42	3	7	2	1
7	21	4	7	1	5	2	9	6	3	
27	4	8	6	9	44	2	1	3	21	6
7	1	4	2	29	3	1	15	5	8	2
11	2	9	27	8	7	9	3	5	4	1
23	10	22	7	5	8	2	12	9	3	
16	9	7	28	9	8	6	5	19	8	
7	6	1	30	5	2	4	1	14	9	5
19	8	2	9	11	4	7	19	9	8	2
23	13	21	8	4	9	18	9	6	2	1
37	9	3	2	1	6	5	7	4	3	15
29	8	9	7	5	16	3	4	2	1	6
13	6	1	4	2	32	6	8	7	2	9

No 406

12	9	3	5	2	3	23	8	6	7	2
7	6	1	8	1	2	27	9	7	8	3
33	8	5	7	4	9	32	6	3	2	1
10	7	2	1	10	1	2	3	8	9	7
10	29	17	2	5	7	1	9	13	16	
28	4	8	9	7	20	9	2	22	1	3
32	3	9	6	1	5	8	9	8	2	1
10	1	7	2	16	2	6	1	5	3	4
7	2	5	15	9	1	17	6	9	7	8
28	27	17	1	7	3	4	2	4	29	14
22	9	8	5	15	9	7	13	1	8	2
11	5	3	2	1	17	2	1	3	7	4
23	6	9	3	5	4	1	3	6	5	1
28	8	7	4	9	12	3	9	16	9	7

479

Solutions

No 407

6	1	5	9	3	7	2	8	4
3	9	2	6	8	4	5	7	1
7	8	4	2	1	5	3	6	9
5	2	9	4	7	8	1	3	6
8	7	1	3	2	6	4	9	5
4	6	3	5	9	1	8	2	7
1	3	6	8	4	9	7	5	2
9	4	8	7	5	2	6	1	3
2	5	7	1	6	3	9	4	8

No 408

4	3	9	5	1	7	8	6	2
5	8	1	2	6	3	4	9	7
7	6	2	8	4	9	3	1	5
1	4	3	6	8	2	5	7	9
2	9	5	3	7	4	6	8	1
6	7	8	1	9	5	2	3	4
9	2	6	4	3	1	7	5	8
3	1	4	7	5	8	9	2	6
8	5	7	9	2	6	1	4	3

No 409

2	5	4	7	9	3	8	1	6
9	1	6	4	2	8	3	7	5
7	8	3	5	6	1	2	9	4
8	4	1	3	5	7	6	2	9
6	9	5	1	8	2	4	3	7
3	7	2	6	4	9	5	8	1
5	3	8	9	7	6	1	4	2
4	2	9	8	1	5	7	6	3
1	6	7	2	3	4	9	5	8

No 410

2	5	9	6	4	1	7	3	8
7	4	6	9	3	8	2	5	1
3	8	1	5	7	2	6	9	4
9	6	8	2	1	5	3	4	7
4	1	7	3	9	6	5	8	2
5	3	2	7	8	4	9	1	6
6	2	4	8	5	3	1	7	9
8	7	3	1	6	9	4	2	5
1	9	5	4	2	7	8	6	3

No 411

9	8	7	2	6	5	1	3	4
1	3	5	8	4	7	2	9	6
2	4	6	9	1	3	7	5	8
3	5	9	1	2	4	6	8	7
8	7	2	3	5	6	9	4	1
4	6	1	7	9	8	3	2	5
6	2	3	4	8	1	5	7	9
5	9	4	6	7	2	8	1	3
7	1	8	5	3	9	4	6	2

No 412

2	1	3	6	9	7	5	4	8
7	9	4	2	5	8	1	6	3
8	5	6	1	3	4	7	9	2
1	2	8	7	4	9	6	3	5
5	4	9	3	2	6	8	1	7
3	6	7	8	1	5	4	2	9
4	8	2	5	6	3	9	7	1
6	3	5	9	7	1	2	8	4
9	7	1	4	8	2	3	5	6